JEAN-DOMINIQUE BAUBY

Vlinders
in een
duikerpak

D0888172

E L E **C** M E N T

Oorspronkelijke titel: Le scaphandre et le papillon

© Editions Robert Laffont, S.A., Paris, 1997

© 1997 voor het Nederlandse taalgebied: Element Uitgevers, Naarden

Vertaling: drs. Rita Buenting

Omslagontwerp: Ane Harting

Verspreiding voor België: Standaard Uitgeverij, Antwerpen

ISBN 90 5689 042 5
NUGI 642

ELEMENT UITGEVERS
Postbus 5211
1410 AE Naarden-Vesting
035 694 17 50

Voor Théophile en Céleste die ik veel vlinders toewens.

Met heel veel dank aan Claude Mendibil. Bij het lezen van dit boek zal men begrijpen wat voor uiterst belangrijke rol zij heeft gespeeld bij het tot stand komen ervan.

INLEIDING

Achter het mottige gordijn kondigt een melkachtig licht de nadering aan van de dageraad. Mijn hielen doen pijn, ik heb een houten kop, en het is alsof mijn lichaam in een soort duikerpak bekneld zit. Mijn kamer duikt langzamerhand uit de schemering op. Zeer aandachtig bekijk ik de foto's van degenen die mij lief zijn, de kindertekeningen, de affiches, het blikken fietsertje dat een vriend mij aan de vooravond van Paris-Roubaix heeft toegestuurd, en de stang boven het bed waaraan ik sinds een half jaar gekluisterd ben, als een heremietkreeft op zijn rots.

Ik hoef niet lang na te denken om te weten waar ik ben en mij te herinneren dat mijn leven op vrijdag 8 december vorig jaar een totaal andere wending heeft genomen.

Tot die tijd had ik nog nooit gehoord van de hersenstam. Op die dag heb ik opeens dat belangrijkste onderdeel van onze boordcomputer ontdekt, die noodzakelijke verbinding tussen de hersens en de zenuwuiteinden, toen een beroerte hem uitschakelde. Vroeger noemde men dat 'bloedstuwing naar de hersenen' en ging je er eenvoudigweg aan dood, maar de vooruitgang in de reanimatietechniek heeft de straf verfijnd. Je overleeft het, maar je bent dan wel behept met wat in de Engelse geneeskunde zo terecht het locked-in syndrom *wordt genoemd: van top tot teen verlamd is de patiënt opgesloten in zichzelf met zijn geest intact en het geknipper van zijn linkerooglid als enig communicatiemiddel.*

Natuurlijk is de persoon die het betreft de laatste die op de hoogte gesteld is van die vriendelijke behandeling. Ik, voor mij, had recht op twintig dagen coma en een paar weken schemering alvorens de schade echt te overzien. Pas eind januari kwam ik helemaal tot bewustzijn in deze kamer 119 van het Zeehospitaal van Berck, waar nu het eerste daglicht in doordringt.

Het is een ochtend zoals elke andere. Om zeven uur vangt de klok van het kerkje weer aan elk kwartier het vlieden van de tijd te benadrukken. Na de rust van de nacht beginnen mijn verstopte bronchiën weer luidruchtig te reutelen. Mijn handen, verwrongen op het gele laken, doen pijn, zonder dat ik kan vaststellen of ze bloedheet of ijskoud zijn. Om tegen de gewrichtsstijfheid te vechten, maak ik een reflexbeweging alsof ik mij uitrek, waardoor mijn armen en benen een paar millimeter bewegen. Dat is vaak voldoende om de pijn van een bepaald lichaamsdeel te verlichten.

Het duikerpak knelt wat minder en de geest kan als een vlinder rondzweven. Er valt zoveel te doen. Je kunt wegvliegen in ruimte en tijd, naar Vuurland of naar het hof van koning Midas gaan.

Je kunt een bezoek brengen aan de vrouw van wie je houdt, je naast haar in bed laten glijden en haar nog slapende gezicht liefkozen. Je kunt luchtkastelen bouwen, het Gulden Vlies veroveren, Atlantis ontdekken, je kinderdromen en je gedachten van volwassene realiseren.

Maar ik moet nu een tijdje stoppen met mijzelf te verma-
ken. Ik moet mij nu vooral bezighouden met het opstellen
van het begin van dit boek over een onbeweeglijke reis,
zodat ik klaar ben als de afgevaardigde van mijn uitgever
het straks, letter voor letter, komt opnemen. Elke zin
herkauw ik tien keer in mijn hoofd, haal er een woord uit,
voeg een adjectief toe en leer mijn tekst paragraaf voor
paragraaf uit mijn hoofd.

Halfacht. De dienstdoende verpleegster onderbreekt mijn
gedachtenstroom. Volgens een nauwgezet ritueel schuift zij
het gordijn open, controleert tracheotomie en infuus, en zet
de televisie aan voor het nieuws. Op dit ogenblik is er een
tekenfilm aan de gang over de snelste pad in het Westen. En
als ik eens een wens deed om in een pad te veranderen?

DE ROLSTOEL

Ik had nog nooit zo veel witte jassen in mijn kamertje gezien. Verpleegsters, ziekenverzorgers, fysiotherapeut, psycholoog, ergotherapeut, neuroloog, coassistenten en zelfs het afdelingshoofd. Het hele ziekenhuis was voor de gelegenheid uitgelopen. Toen ze binnenkwamen en het toestel tot bij mijn bed duwden, dacht ik eerst dat er een nieuwe bewoner aankwam. Sinds een paar weken had men mij in Berck geïnstalleerd en elke dag werd mijn bewustzijn wat helderder, maar het verband tussen een rolstoel en mijzelf ontging mij.

Niemand had mij een exact beeld geschetst van mijn toestand en uit her en der opgepikte praatjes had ik mijzelf ervan overtuigd dat ik weer heel snel zou kunnen spreken en bewegen.

In mijn rusteloze geest smeedde ik zelfs duizenden plannen: een roman, reizen, een toneelstuk en de commercialisatie van een door mij uitgevonden fruitcocktail. Vraag me niet naar het recept, ik ben het vergeten. Ze begonnen mij meteen aan te kleden. 'Dat is goed voor het moreel,' zei de neuroloog op schoolmeesterachtige toon. Na de dwangbuis van gele nylon had ik mij inderdaad graag in een geruit overhemd, een oude broek en een vormeloze trui gehuld, als het geen nachtmerrie was geweest om die aan te trekken. Of liever, om die na eindeloos getrek en gesjor over dat slappe, ontwrichte lijf te zien glijden. Dat lijf, dat alleen nog maar diende om mij te laten lijden.

Toen ik eindelijk klaar was, kon het ritueel beginnen. Twee stevige kerels grepen mij bij mijn schouders en voeten, tilden mij van het bed af en zetten mij zonder veel omhaal in de rolstoel. Van een gewone zieke was ik een gehandicapte geworden, zoals bij het stierenvechten de novillero stierenvechter wordt als hij door de alternativa (vert.: plechtige promotie van beginnende stierenvechter) heen is. Het scheelde niet veel of er werd voor mij geklapt. De ziekenverzorgers hebben met mij een maidentrip over de etage gemaakt om te controleren of de zittende positie geen oncontroleerbare spasmes veroorzaakte. Maar ik hield mij koest, geheel in beslag genomen door de plotselinge devaluatie van mijn toekomstverwachtingen. Ze hoefden alleen maar mijn hoofd te stutten met een speciaal kussen, want ik knikkebolde zoals die Afrikaanse vrouwen, ontdaan van de piramide van ringen die ze jarenlang om hun hals hadden gehad om die uit te rekken. 'U kunt nu in de rolstoel,' gaf de ergotherapeut glimlachend als commentaar. Hij wilde zijn woorden brengen alsof het goed nieuws was, terwijl ze mij als een vonnis in de oren klonken. Opeens zag ik de verbijsterende realiteit onder ogen. Even verblindend als een kernexplosie en scherper dan het mes van de guillotine. Ze zijn allemaal vertrokken. Drie ziekenverzorgers hebben mij weer in bed gelegd. Ik dacht aan die gangsters in *films noirs* die er moeite mee hebben het lijk van de lastpost die ze net met kogels hebben doorzeefd, in de kofferbak te krijgen. De rolstoel bleef in een hoek staan en zag er verlaten uit met mijn kleren over de donkerblauwe, plastic rugleuning gegooid. Voordat de laatste witte jas vertrok, beduidde ik hem de televisie zachtjes aan te zetten. 'Des chiffres et des lettres' (vert.: Cijfers en letters), het lievelingsprogramma van mijn vader, werd uitgezonden. Vanaf 's morgens droop de regen onophoudelijk langs de ramen.

HET GEBED

Uiteindelijk is de schok die de rolstoel veroorzaakte heel goed geweest. De zaken werden er duidelijker door. Ik bouwde geen luchtkastelen meer en ik kon mijn vrienden, die sinds mijn beroerte een liefdevolle versperring om mij heen optrokken, uit hun stilte bevrijden. Nu het onderwerp niet meer taboe was, begonnen wij over het *locked-in syndrom* te praten. Om te beginnen komt het zelden voor. Dat is nauwelijks een troost, maar er bestaat evenveel kans om in die afschuwelijke val te lopen als om de jackpot in de Lotto te winnen. In Berck zijn maar twee gevallen bekend en dan nog is mijn L.I.S. (*Locked-in syndrom*) niet helemaal volgens de regels. Mijn fout is dat ik mijn hoofd kan draaien en dat is in principe niet voorzien in het klinische plaatje. Omdat de meeste gevallen het leven van een plant leiden, weet men niet veel af van de ontwikkeling van dat ziektebeeld. Men weet alleen maar dat, als het zenuwstelsel op het grillige idee komt om weer aan de slag te gaan, het dat doet met de snelheid waarmee een haar groeit. Het kan dus wel enige jaren duren voordat ik mijn tenen kan bewegen.

Eventuele verbeteringen moeten gezocht worden in de

luchtwegen. Op de lange termijn kan men hopen op normalere voeding zonder de hulp van het maaginfuus, op een natuurlijke ademhaling en een beetje lucht om de stembanden te laten vibreren.

Voorlopig zou ik de gelukkigste mens op aarde zijn als het mij lukte om het teveel aan speeksel dat voortdurend in mijn mond terechtkomt, fatsoenlijk door te slikken. Nog vóór het aanbreken van de dag oefen ik al met mijn tong tegen de achterkant van mijn verhemelte om de reflex van slikken op te roepen. Verder heb ik de kleine zakjes met wierook, die aan mijn muur hangen, aan mijn strotten-hoofd opgedragen. Ex-voto's, mee teruggebracht uit Japan door reislustige, gelovige vriendinnen. Bouwstenen van het monument van dankzeggingen aan God, opgebouwd door de vrienden om mij heen, al naar gelang van hun omzwer-vingen. Overal ter wereld heeft men voor mij de meest ver-schillende geesten aangeroepen. Ik probeer een beetje orde te scheppen in die grote geestesbeweging. Als men mij ervan op de hoogte heeft gebracht dat men in een Bretons kerkje een paar kaarsen voor mij heeft gebrand of in een tempel in Nepal een mantra voor mij heeft opge-zegd, stel ik meteen een exact doel vast voor die geestelij-ke uitingen. Zo heb ik mijn rechteroog toevertrouwd aan een marabout uit Kameroen. Een vriendin van mij had hem een postwissel gestuurd om de Afrikaanse goden gunstig te stemmen. Voor mijn gehoor vertrouw ik op de goede relaties die een vrome schoonmoeder onderhoudt met de monniken van een broederschap in Bordeaux. Regelmatig bidden zij een rozenkrans voor mij en soms glip ik hun abdij binnen om hun gezangen naar de hemel te horen op-stijgen. Dat heeft nog geen buitengewone resultaten opgeleverd, maar toen zeven broeders van dezelfde orde door islamitische fanatici waren vermoord, had ik een paar dagen oorpijn. Die machtige beschermingen zijn echter slechts lemen wallen, muren van zand, Maginotlinies, vergeleken bij het gebedje dat mijn dochter Céleste elke avond voor het slapen gaan voor haar Schepper opzegt. Omdat wij ongeveer op dezelfde tijd gaan slapen, ga ik dat dromenrijk binnen met dat prachtige middel dat mij beschermt tegen alle slechte ontmoetingen.

HET BAD

Om halfnegen arriveert de fysiotherapeute. Brigitte, sportief figuur en een profiel als op een Romeinse munt, komt mijn verlamde armen en benen oefenen. Dat noemt men 'mobilisatie' en die krijgsterm is lachwekkend als men ziet hoe mager de troep eruitziet: dertig kilo kwijt in twintig weken. Toen ik een week vóór mijn beroerte op dieet ging, had ik niet op een dergelijk resultaat durven rekenen. Al doende gaat Brigitte na of er niet een of andere trilling in de richting van een verbetering wijst. 'Probeer eens in mijn vuist te knijpen,' zegt ze. Omdat ik soms de illusie heb dat mijn vingers bewegen, concentreer ik mijn energie op het fijnknijpen van haar vingerkootjes. Maar niets beweegt en zij legt mijn bewegingloze hand op het carré van schuimrubber waarin mijn vingers als in een cassette passen. De enige veranderingen hebben betrekking op mijn hoofd. Ik kan het nu 90 graden draaien en mijn gezichtsveld reikt van het leistenen dak van het naburige gebouw tot aan de merkwaardige Mickey met zijn tong uit zijn mond die mijn zoon Théophile heeft getekend toen ik mijn mond niet kon openen. Door steeds maar te oefenen zijn we nu bijna zo ver dat we er een speen in kunnen stoppen. Zoals de neurologe zegt: 'Je moet veel geduld hebben.' De fysiotherapie-seance eindigt met een gezichtsmassage. Met haar lauwe vingers strijkt Brigitte over mijn hele gezicht: het gevoelloze gedeelte dat wel perkament lijkt, en het gedeelte met wat zenuwen waarmee ik nog een wenkbrauw kan fronsen. De scheidingslijn loopt over mijn mond, waardoor ik slechts half kan glimlachen en dat komt heel aardig overeen met mijn stemmingen. Zo kan een huiselijk gebeuren als toilet maken verschillende gevoelens bij mij opwekken.

De ene dag vind ik het grappig dat ik op mijn vieren-veertigste jaar gewassen, omgedraaid, afgedroogd en in de luiers gelegd word als een zuigeling. Ik word snel weer kind en eigenaardig genoeg vind ik dat zelfs prettig. De volgende dag vind ik dat allemaal uiterst pathetisch en rolt er een traan in het scheerschuim dat een ziekenverzorger over mijn wangen uitsmeert. Bij het wekelijkse bad word ik tegelijkertijd bevangen door wanhoop en geluk. Op het zalige ogenblik waarop ik word ondergedompeld in het bad, volgt al snel het heimwee naar het uitgebreide geploeter dat de luxe was van mijn eerste leven. Gewa-pend met een kop thee of een glas whisky, een goed boek of een stapel kranten, lag ik lang te weken, terwijl ik de kranen met mijn tenen bediende. Er zijn weinig ogenblik-ken waarop ik mij zó wreed bewust ben van mijn toestand als bij de herinnering aan die genoegens. Gelukkig heb ik geen tijd om daar te lang over te broeden. Ik word al, rillend over mijn hele lijf, op een draagbaar met het comfort van een fakirbed, teruggebracht naar mijn kamer. Om halfelf moet ik van top tot teen aangekleed zijn, klaar voor de revalidatiezaal beneden. Omdat ik had geweigerd mij aan te passen aan de verachtelijke jogging huisstijl, ben ik weer teruggekomen op mijn plunje van eeuwige student. Net zoals het bad zouden mijn oude vesten pijnlijke herinneringen bij mij op kunnen roepen. Maar ik zie er eerder een symbool in van het leven dat doorgaat en het bewijs dat ik nog steeds mijzelf wil zijn. Als ik dan toch moet kwijlen, dan kan ik dat net zo goed in kasjmier doen.

HET ALFABET

Ik houd veel van de letters van mijn alfabet. 's Nachts, als het een beetje te donker is en het enige levensteken een kleine, rode stip is – het stand-by lampje van de televisie – dansen klinkers en medeklinkers voor mij op een danswijsje van Charles Trenet: 'Aan Venetië, die heerlijke stad, heb ik tedere herinneringen...' Hand in hand dansen ze door de kamer, om mijn bed heen, langs het raam, in een slinger over de muur, naar de deur, en dan gaan ze er weer vandoor.

E S A R I N T U L O M D P C F B V H G J Q Z Y X K W

Dat schijnbaar rommelige, vrolijke defilé is geen toeval, maar berust op uitgekiende berekeningen. Het is eerder een hit-parade dan een alfabet. Elke letter heeft zijn plaats, afhankelijk van zijn frequentie in de Franse taal. Zo danst de E aan het hoofd en klampt de W zich aan het eind vast om maar niet door het peloton in de steek gelaten te worden. De B moppert dat hij verbannen is naar de V, waarmee hij voortdurend verward wordt. De trotse J verbaast zich dat hij zo ver weg staat, terwijl toch heel wat zinnen met hem beginnen. Kwaad, omdat de H hem een plaats vóór is, zit de dikke G te mokken, en de T en de U, altijd nodig voor 'tu' (vert.: 'jij') genieten ervan naast elkaar te staan. Die hele alfabetische herindeling is bedoeld om de taak van hen die een poging willen wagen om direct met mij de communiceren, te vergemakkelijken.

Het is een nogal rudimentair systeem. Men zegt het alfabet voor mij op in de versie ESA... tot ik met een knipoog de persoon met wie ik praat aangeef dat hij moet stoppen en die letter moet noteren. Op dezelfde manier gaat men verder met de volgende letters. Als er geen fout gemaakt wordt, komt er tamelijk snel een volledig woord uit en daarna min of meer begrijpelijke delen van zinnen. Dat is de theorie, de gebruiksaanwijzing, de uitleg. Maar dan komt de realiteit, de een heeft de zenuwen en de ander gebruikt zijn gezonde verstand. Ze gaan niet allemaal op dezelfde manier om met de code, zoals men die manier van vertalen van mijn gedachten ook wel noemt. Kruiswoordpuzzelaars en scrabblespelers liggen een lengte voor. Meisjes redden zich beter dan jongens. Door steeds maar te oefenen, kennen sommige meisjes het spel uit hun hoofd. Ze maken zelfs niet meer gebruik van het heilige schrift, half geheugensteuntje voor de volgorde van de letters, half blocnote, waarop men alles wat ik zeg opschrijf, zoals de uitspraken van een waarzegster.

Ik vraag mij trouwens af tot welke conclusie de etnologen in het jaar drieduizend zullen komen, als ze per ongeluk die schriften doorbladeren waarin men door elkaar op dezelfde bladzijde zinnen aantreft als: 'De fysiotherapeute is zwanger', 'Vooral mijn benen', 'Dat is Arthur Rimbaud', en 'De Fransen hebben werkelijk belabberd gespeeld'. Dat alles onderbroken met onbegrijpelijke opmerkingen, verkeerd samengestelde woorden, verdwenen letters en onvolledige lettergrepen.

De emotionelen zijn het snelst het spoor bijster. Op toonloze stem hakkelen ze ijlings het alfabet af, noteren op goed geluk een paar letters en, omdat er geen touw aan vast te knopen valt, roepen ze doodleuk uit: 'Ik kan er niets van!' Uiteindelijk is dat tamelijk rustgevend, want zo nemen zij de hele conversatie voor hun rekening, stellen vragen en beantwoorden ze, zonder dat het nodig is ze nog eens te stellen. Maar ik ben banger voor de ontwijkers. Als ik hun vraag hoe het gaat, antwoorden ze 'goed' en geven mij onmiddellijk weer een hand. Met hen wordt het alfabet een spervuur en je moet een paar vragen voorliggen om niet ten onder te gaan. De ploeteraars vergissen zich nooit. Zij noteren heel nauwkeurig elke letter en proberen het mysterie van een zin niet te doorgronden alvorens hij af is. Ze denken er evenmin aan ook maar één enkel woord aan te vullen. Zelfs onder de zwaarste druk zullen ze niet uit zichzelf 'non' van 'champig' toevoegen of 'misch' dat volgt op 'ato'; 'os' dat komt na 'eindelo' of 'baar' na 'onoplos'. Die langzame werkmethode maakt het proces nogal saai, maar zo vermijdt men tenminste de verkeerde uitleg, waarin de impulsieven verstrikt raken als zij vergeten te controleren wat ze bedoelen. Maar ik kreeg begrip voor de poëzie van die geestelijke spelletjes, toen ik op een dag naar mijn 'lunettes' (vert.: bril) vroeg en men mij netjes vroeg wat ik met de 'lune' (vert.: maan) van plan was...

DE KEIZERIN

Er zijn niet veel plaatsen meer in Frankrijk waar men nog de herinnering aan keizerin Eugénie in ere houdt. In de grote galerij van het Zeehospitaal, een enorme, holle ruimte, waar wel vijf wagens en rolstoelen naast elkaar kunnen rijden, staat een vitrine die eraan herinnert dat de echtgenote van Napoleon III de instelling heeft gedoopt. De twee belangrijkste bijzonderheden van dit micromuseum zijn een witmarmeren buste die de uit de gratie geraakte hoogheid, gestorven op vierennegentigjarige leeftijd, een halve eeuw na het einde van het Tweede Keizerrijk, de schittering van haar jeugd teruggeeft. En verder de brief waarin de onderchef van het station van Berck de directeur van de *Correspondant maritime* vertelt over het korte keizerlijke bezoek van 4 mei 1864. Men kan zich heel goed de aankomst van de speciale trein voorstellen, het drukke gedoe van de jonge vrouwen die Eugénie vergezellen, de tocht door de stad van de vrolijke stoet, en de patiëntjes in het ziekenhuis die voorgesteld worden aan hun beroemde beschermster. Een tijdlang heb ik elke gelegenheid aangegrepen om mijn devotie aan die relikwieën te betuigen.

Ik heb wel twintig keer het verhaal van de spoorwegbeambte herlezen. Ik mengde mij onder de babbelende groep hofdames en zodra Eugénie zich van het ene paviljoen naar het andere begaf, volgde ik haar hoed met gele linten, haar tafzijden parasol en haar spoor van eau de cologne van de parfumeur van het hof. Toen het op een dag erg waaide, heb ik zelfs de moed opgevat om naar haar toe te gaan en heb ik mijn hoofd in de plooien van haar witte, gazen jurk met de brede, gesatineerde strepen gestopt. Dat was zo heerlijk als slagroom en even fris als de ochtenddauw. Ze duwde me niet weg. Ze streek mij door mijn haar en zei zachtjes: 'Kom, kind, je moet geduld hebben,' met een Spaans accent dat leek op dat van de neuroloog. Dat was niet meer de keizerin van de Fransen, maar een troostende godheid, zoals de heilige Rita, de patrones van de hopeloze gevallen.

En toen ik daarna op een middag mijn verdriet aan haar beeltenis toevertrouwde, kwam er een onbekende figuur tussen haar en mij in staan. De vitrine gaf het gezicht weer van een man, waarvan je zou denken dat hij in een ton dioxine had gezeten. Een verwrongen mond, een bobbelige neus, verward haar en een angstige blik. Eén oog dichtgenaaid en het andere wijdopen als het oog van Kaïn. Een minuut lang heb ik strak naar die opengesperde pupil gekeken zonder te beseffen dat ik heel eenvoudig mijzelf zag.

Ik werd toen bevangen door een vreemde euforie. Ik was niet alleen verbannen, verlamd, stom, half doof, verstoken van elk plezier en gereduceerd tot het bestaan van een kwal, maar bovendien zag ik er verschrikkelijk uit. Ik kreeg de slappe lach, het gevolg van een opeenstapeling van rampen, als men, na een laatste klap van het lot, besluit om het niet serieus te nemen. Mijn goede humeur-gerochel bracht Eugénie eerst in verwarring, maar daarna werd zij door mijn vrolijkheid aangestoken. Wij lachten ons tranen. De fanfare van de stad begon toen een wals te spelen en ik was zó vrolijk dat ik graag was opgestaan om Eugénie ten dans te vragen als dat sociaal verantwoord was geweest. Wij zouden rondgedraaid hebben over de kilometers stenen vloer. Sinds die gebeurtenissen zie ik, als ik de grote galerij neem, een wat spottende blik op het gezicht van de keizerin.

CINECITTA

Het Zeehospitaal moet de luidruchtige ultralichte vliegtuigjes die op honderd meter hoogte boven de Côte d'Opale vliegen, wel een boeiend schouwspel bieden. Met zijn massieve, overdadig versierde vormen, zijn hoge muren van bruine baksteen in de stijl van de huizen uit het noorden, lijkt het wel of het zomaar midden in het zand tussen de stad Berck en het grauwe water van het Kanaal neergezet is. Op de mooiste voorgevel staat te lezen 'Ville de Paris', zoals op de openbare baden en de gemeentescholen van de hoofdstad. Opgericht onder het Tweede Keizerrijk ten behoeve van de zieke kinderen die niet goed herstelden in de Parijse ziekenhuizen, heeft deze dependance zijn extraterritoriale status behouden.

In werkelijkheid zijn wij bij het Nauw van Calais, maar voor de Assistance publique (vert.: soort sociale dienst) zijn wij aan de oevers van de Seine.

De gebouwen, met elkaar verbonden door eindeloze gangen, vormen een waar doolhof, en het gebeurt vaak dat je een patiënt van Ménard tegenkomt, die verdwaald is in Sorrel, genoemd naar beroemde chirurgen, wier namen gebruikt worden om de belangrijkste paviljoens aan te duiden. De ongelukkigen zien eruit als het kind dat men net van zijn moeder heeft weggerukt, en roepen pathetisch uit: 'Ik ben verdwaald,' trillend op hun krukken. Ik, die een 'Sorrel' ben, zoals de ziekendragers zeggen, weet er tamelijk goed de weg, maar dat is niet altijd het geval met de vrienden die met mij rondzeulen. Maar ik heb mij aangewend om, als wij een verkeerde weg inslaan, stoïcijns te blijven tegenover het vertwijfelde zoeken van de nieuwelingen. Dat geeft mij de kans een onbekende, verborgen hoek te ontdekken, nieuwe gezichten te zien, terloops een keukengeurtje mee te pikken. Zo kwam ik bij de vuurtoren terecht. Het was een van de allereerste keren dat men mij in mijn rolstoel rondreed, kort nadat ik uit de comanevels was bijgekomen. Hij verscheen om de bocht van een trappenhuis, waar wij verdwaald waren: slank, robuust en geruststellend met zijn roodwitte strepen, waardoor hij eruitziet als een voetbalbroek. Ik heb mij meteen onder bescherming gesteld van dat broederlijke symbool dat waakt over zeelieden en zieken, die schip-breukelingen van de eenzaamheid.

Wij houden voortdurend contact en ik ga vaak bij hem op bezoek. Dan laat ik mij naar Cinecitta rijden, een heel belangrijke streek op mijn denkbeeldige geografische kaart van het ziekenhuis. Cinecitta, dat zijn de altijd verlaten terrassen van paviljoen Sorrel. Gericht naar het zuiden, bieden die grote balkons uitzicht op een panorama met de poëtische, vergane charme van filmdecors. De buitenwij-ken van Berck zien eruit als de ondergrond voor een elektrische trein. Aan de voet van de duinen geven een paar barakken je de illusie van een spookdorp uit de Far West. Het schuim van de zee is zó wit dat het van de afdeling speciale effecten lijkt te komen.

Ik zou dagenlang in Cinecitta kunnen doorbrengen. Daar ben ik de grootste regisseur aller tijden. Aan de kant van de stad draai ik de eerste opname van *La Soif du mal*. Op het strand herhaal ik ritten van *La Chevauchée fantastique* en op zee doe ik weer de storm van de smokkelaars van *Moonfleet* tot leven komen. Of ik word één met het landschap en er is niets meer dat mij aan de wereld bindt behalve een vriendenhand die mijn verstijfde vingers streelt. Ik ben Pierrot de gek (vert.: personage uit een film met Belmondo), met een blauwbesmeurd gezicht en een krans van dynamiet om mijn hoofd. De verleiding om een lucifer aan te steken gaat als een flits door mij heen. En dan komt er een einde aan de dag. De laatste trein vertrekt naar Parijs en ik moet weer terug naar mijn kamer. Ik verlang naar de winter. Warm ingestopt kunnen we dan talmen tot het avond wordt, zelfs zien hoe de zon onder-gaat en de vuurtoren het overneemt en zijn licht van hoop alle richtingen uitschijnt.

DE TOERISTEN

N a vlak na de oorlog de laatste slachtoffertjes van tuberculose opgenomen te hebben, is Berck langzamerhand zijn status als kinderziekenhuis kwijtgeraakt. Tegenwoordig levert men er eerder een gevecht tegen de ellende van de ouderdom, het onverbiddelijke verval van lichaam en geest. Maar de geriatrie is slechts één deel van het fresco dat men moet schetsen om een juist idee te krijgen van de clientèle van de instelling. Aan de ene kant van het schilderij is een twintigtal permanente comapatienten geschilderd, arme duivels die in één lange nacht gedompeld zijn, aan de poort van de dood. Zij verlaten nooit hun kamer. Toch weet iedereen dat zij daar zijn en drukken zij merkwaardig genoeg op de gemeenschap – als een slecht geweten. Aan de andere kant, naast de kolonie van misdeelde grijsaards, ziet men een paar zeer zwaarlijvige wezens met een verwilderd uiterlijk. De geneeskunde hoopt hun enorme omvang te reduceren. In het midden vormt een indrukwekkend bataljon kreupelen de hoofdmoot van de troep. Gered van een ongeluk tijdens het sporten, in het verkeer en van alle mogelijke ongelukjes thuis, is Berck een doorgangshuis voor hen om hun

35

gebroken ledematen weer te vernieuwen. Ik noem hen 'de toeristen'.

Als men ten slotte dat schilderij wil completeren, moet men een hoekje vinden om ons neer te zetten: pluimvee met gebroken vleugels, papegaaien zonder stem, onge-luksvogels die hun nest hebben gemaakt in een doodlo-pende gang van de neurologie. Natuurlijk ontsieren wij het landschap. Ik weet heel goed wat voor gêne wij oproepen als wij, stijf en stil, door een groep minder misdeelde zieken heen worden gereden.

De fysiotherapiezaal, waar alle patiënten samenkomen voor revalidatie, is de beste plaats om dat fenomeen te observeren. Het is een ware Cour des Miracles (vert.: naam gegeven aan een beruchte wijk in Parijs), luidruchtig en kleurrijk. In een lawaai van spalken, protheses en min of meer gecompliceerde apparatuur, ziet men een jongeman met een oorbel die zich te pletter heeft gereden met een motor, een oma in een fluorescerend trainingspak die weer leert lopen na een val van een keukentrapje, en een halve zwerver waarvan nog niemand heeft begrepen hoe het kan dat hij een voet is kwijtgeraakt door de metro. Netjes op een rijtje beweegt dat mensdom armen en benen onder slap toezicht, terwijl ik vastgebonden ben aan een hellend vlak dat men geleidelijk aan omhoogbrengt. Elke ochtend breng ik zo een half uur hangend door in een stijve houding die doet denken aan de onverwachte verschijning van het beeld van de Commandeur in het laatste bedrijf van *Don Giovanni* van Mozart. Stiekem wordt er gelachen, geschertst, roepen ze naar elkaar. Ik zou graag aan al die vrolijkheid meedoen, maar zodra ik mijn enige oog op hen richt, de jongeman, de oma, de zwerver, draaien ze allemaal hun hoofd om en voelen ze de dringende behoefte om naar de brandmelder te kijken die aan het plafond is bevestigd. De 'toeristen' moeten wel erg bang voor vuur zijn.

DE WORST

Elke dag na de 'rechtop-zet-seance', word ik door een ziekendrager teruggebracht van de fysiotherapiezaal en naast mijn bed gestald, totdat de ziekenverzorgers mij weer in bed komen leggen. En elke dag, omdat het twaalf uur is, wenst dezelfde ziekendrager mij gemaakt vrolijk 'smakelijk eten', zijn manier om afscheid van mij te nemen tot de volgende dag. Dat komt natuurlijk op hetzelfde neer als 'Vrolijk Kerstfeest' wensen op 15 augustus of 'welterusten' zeggen midden op de dag! De afgelopen 8 maanden heb ik zegge en schrijve een paar druppels water met citroen naar binnen gekregen en een halve lepel yoghurt, die luidruchtig verdwaald is in mijn luchtwegen. De spijsverteringsproef, zoals men dat festijn heeft gedoopt, bleek niet overtuigend. Maar geen zorgen, ik ben daarom nog niet uitgehongerd. Via een met mijn maag verbonden infuus verzekeren een paar flessen met een bruinachtige substantie mij van mijn dagelijkse hoeveelheid calorieën. Om te genieten, neem ik mijn toevlucht tot de levendige herinneringen aan smaken en geuren, een onuitputtelijk vat met gewaarwordingen. Er bestaat zoiets als de kunst om wat van restjes te maken. Ik beoefen de kunst om herinneringen te bereiden. Je kunt zomaar, op elk uur van de dag, aan tafel gaan. In het restaurant hoef je niet te reserveren. Als ik kook, lukt het altijd. De bourguignon is een zalfje op je tong, het kalfsvlees in gelei is doorschijnend en de abrikozentaart is net zuur genoeg. Afhankelijk van hoe mijn pet staat, tracteer ik mijzelf op een dozijn slakken, zuurkool met allerlei soorten vlees en worst, en een fles gewürztraminer 'van een late oogst', of ik eet eenvoudig een gekookt ei met daarbij stukjes brood, gedoopt in zoute boter. Wat een feestmaal! Het eigeel glijdt lauw langs mijn verhemelte en door mijn keel. En ik heb nooit last van indigestie. Vanzelfsprekend gebruik ik de beste producten: de meest verse groenten, pasgevangen vis en het beste doorregen vlees. Alles moet volgens de regels bereid worden. Voor alle zekerheid heeft een vriend mij het recept toegestuurd van de echte worstjes uit Troyes, met drie verschillende met elkaar vervlochten soorten vlees. Ik volg ook nauwgezet de seizoenen. Voor het ogenblik verfris ik mijn smaakpapillen met meloen en rood fruit. Oesters en wild zijn voor de herfst, als ik er nog trek in heb, want ik word verstandig, zogezegd een asceet. In het begin van mijn lange vasten voelde ik nog wat ik miste en bezocht ik voortdurend mijn denkbeeldige provisiekast. Mijn honger was niet te stillen. Nu ben ik bijna zo ver dat ik genoegen kan nemen met de ambachtelijke saucijs in zijn netje, die voortdurend in een hoek van mijn hoofd hangt. Een 'rosette de Lyon' (vert.: speciale worst uit Lyon), onregelmatig van vorm en heel droog en grof. Om de smaak ervan tot zijn recht te laten komen, laat je elk plakje even op je tong smelten voordat je erop begint te kauwen. Dat heerlijks is ook iets heiligs, een fetisj met een geschiedenis die bijna veertig jaar teruggaat. Ik was nog op de leeftijd van snoepjes, maar ik hield al meer van vleeswaren, en de verpleegster van mijn grootvader van moederszijde had opgemerkt dat ik haar bij elk bezoek in het sombere appartement aan de boulevard Raspail met een charmant geslis om worst vroeg. Die gewiekste huishoudster, handig in het aanmoedigen van de gulzigheid van kinderen en grijsaards, sloeg ten slotte een dubbele slag door mij een worst te geven en mijn grootvader, net voor zijn dood, te trouwen. De vreugde van het ontvangen van zo'n cadeau was omgekeerd evenredig aan de ergernis die dat verrassingshuwelijk in de familie teweegbracht. Van mijn grootvader is mij slechts een vaag beeld bijgebleven, een lange gestalte in het halfdonker, met het strenge gezicht van de Victor Hugo van de biljetten van vijfhonderd oude francs die in die tijd in omloop waren. Ik zie veel beter het ongepaste worstje voor mij temidden van mijn Dinky-toys en mijn boeken uit de tienerbibliotheek.

Ik ben bang dat ik nooit een lekkerder worstje zal eten.

DE BESCHERMENGEL

Op het identiteitsplaatje dat op de witte jas van Sandrine is gespeld, staat geschreven: logopediste, maar je kunt beter lezen: beschermengel. Zij is degene die de communicatiecode heeft opgesteld zonder welke ik afgesneden zou zijn van de wereld. Helaas! Terwijl de meeste van mijn vrienden het systeem gebruiken na het aangeleerd te hebben, wordt het hier in het ziekenhuis alleen maar toegepast door Sandrine en een psycholoog. Meestal beschik ik dus slechts over een beperkt arsenaal aan mimiek, knipogen en geknik met het hoofd om te vragen of men de deur dichtdoet, de kraan uitzet, de televisie zachter zet of mijn kussen opschudt. Ik slaag niet altijd in mijn pogingen. In de loop van de weken heb ik door die gedwongen eenzaamheid iets stoïcijns over me gekregen en ben ik gaan begrijpen dat de mensheid in een ziekenhuis in tweeën gedeeld kan worden. De meerderheid, die niet weg zal gaan zonder te proberen mijn S.O.S.-en te begrijpen, en de anderen, minder conscientieus, die wegglippen en net doen of zij mijn wanhoopssignalen niet zien. Zoals die beminnelijke sukkel die de voetbalwedstrijd Bordeaux-München bij de pauze afzette en mij een onherroepelijk 'goedenacht' toewenste. Afgezien van de praktische aspecten, weegt dat communicatieprobleem het minst zwaar. Ik doel daarmee op de troost die ik tweemaal per dag ondervindt, als Sandrine op de deur klopt, haar snoetje van betrapt eekhoorntje om de deur steekt en ineens alle kwade geesten verjaagt. Het onzichtbare duikerpak waarin ik voortdurend opgesloten zit, lijkt wat minder knellend.

Logopedie is een kunst die bekendheid verdient. Je kunt je niet voorstellen wat voor gymnastische oefeningen je tong automatisch uithaalt om alle Franse klanken te produceren. Voor het ogenblik struikel ik over de 'l', zielige hoofdredacteur die niet meer de naam van zijn eigen blad kan uitspreken. (vert.: de auteur was hoofdredacteur van Elle). Op hoogtijdagen, tussen twee hoestbuien door, vind ik de adem en de energie om een paar klanken uit te stoten. Voor mijn verjaardag is Sandrine erin geslaagd mij het alfabet op een begrijpelijke manier te laten uitspreken. Ik had geen mooier cadeau kunnen krijgen. Ik hoorde de zesentwintig letters, door een schorre stem uit de oertijd ontrukt aan het niets. Die afmattende oefening gaf mij de indruk dat ik een holenmens was die de taal ontdekt. Soms wordt ons werk onderbroken door de telefoon. Ik profiteer van de aanwezigheid van Sandrine om een paar mensen die mij lief zijn aan de lijn te krijgen en terloops brokstukken van het leven op te vangen, zoals men een vlinder vangt. Mijn dochter Céleste vertelt over haar ritten op de pony. Over vijf maanden vieren we haar negende verjaardag. Mijn vader vertelt hoe moeilijk hij loopt. Dapper legt hij zijn drieënnegentigste jaar af. Dat zijn de twee uiterste schakels van de liefdesketting om mij heen, die mij verdedigt. Vaak vraag ik mij af welk effect die eenrichtingsdialogen hebben op de mensen met wie ik communiceer. Ik raak ervan ondersteboven. Wat zou ik graag die liefdevolle telefoontjes niet alleen maar met mijn stilzwijgen beantwoorden! Sommigen vinden het trouwens onverdraaglijk. Mijn lieve Florence praat niet tegen mij als ik niet van tevoren luidruchtig heb geademd in het toestel, dat Sandrine tegen mijn oor houdt. 'Jean-Do, ben je daar?' zegt Florence verontrust aan de andere kant van de lijn.

Ik moet zeggen dat ik het soms niet goed meer weet.

DE FOTO

De laatste keer dat ik mijn vader zag, heb ik hem geschoren. Dat was de week van mijn herseninfarct. Omdat hij ziek was, ben ik een nacht bij hem gebleven in zijn Parijse appartementje in de buurt van de Tuilerieën. 's Ochtends, nadat ik thee met melk voor hem had klaargemaakt, verloste ik hem van een baard van een paar dagen. Die scène staat in mijn geheugen gegrift. Weggedoken in zijn roodvilten fauteuil waarin hij gewoonlijk de kranten uitspelt, trotseert papa moedig het gevecht met het scheermes dat een aanval doet op zijn slappe huid. Ik heb een grote handdoek om zijn magere hals gedrapeerd, een dikke laag scheerschuim over zijn gezicht verspreid en ik probeer zijn huid met de op sommige plekken gesprongen adertjes niet al te erg te irriteren. Zijn vermoeide ogen liggen diep in hun kassen, zijn neus lijkt forser in zijn vermagerde gezicht, maar de man heeft niets verloren van zijn fierheid, met zijn bos wit haar die altijd de bekroning geweest is van zijn grote gestalte. In de kamer rondom ons heen hebben de herinneringen aan zijn leven zich laag na laag opgestapeld tot een van die rommelkamers van oude mannen, waarvan zij als enigen alle geheimen kennen. Het is een warboel van oude tijdschriften, platen waar niemand meer naar luistert, allerhande voorwerpen en foto's uit alle tijdperken, tussen de lijst van een grote spiegel geschoven. Papa als kleine matroos die met een hoepel speelt, vóór de oorlog van 1914, mijn dochter van acht jaar als amazone, en een zwartwitfoto van mijzelf op een minigolfterrein. Ik was elf jaar, had grote flaporen en zag eruit als een wat bête brave leerling. Des te ergerlijker, omdat ik al een aartsluiaard was.

Mijn taak als kapper beëindig ik met het besprenkelen van mijn levensverwekker met zijn favoriete eau de toilette. Daarna nemen wij afscheid van elkaar en praten nu eens een keer niet over de brief in zijn secretaire waarin zijn laatste wil is vastgelegd. Sindsdien hebben wij elkaar niet meer gezien. Ik verlaat mijn buitenverblijf in Berck niet en met zijn tweeënnegentig jaar staan zijn benen hem niet meer toe om de statige trappen van het gebouw waarin hij woont, af te lopen. Wij zijn beiden *locked-in syndroms*, ieder op zijn eigen wijze, ik in mijn lichaam, hij op zijn derde verdieping. Nu ben ik degene die elke ochtend geschoren word en ik denk vaak aan hem, als een ziekenverzorger conscientieus mijn wangen schraapt met een mesje van een week oud. Ik hoop dat ik een oplettender Figaro geweest ben.

Af en toe belt hij mij op en kan ik zijn warme stem horen die een beetje trilt in het toestel dat een behulpzame hand tegen mijn oor houdt. Het moet niet makkelijk zijn om met een zoon te praten als men maar al te goed weet dat hij niet zal antwoorden. Hij heeft mij ook de minigolf-foto toegestuurd. Eerst begreep ik niet waarom en het zou een raadsel zijn gebleven als niet iemand op het idee was gekomen om op de achterkant te kijken. In mijn privébioscoop begonnen toen de beelden langs te trekken van een weekend in het voorjaar, toen mijn ouders en ik een luchtje gingen scheppen in een winderig, niet erg vrolijk gehucht. Met zijn uitgebalanceerde, regelmatige handschrift heeft papa eenvoudigweg geschreven: *Berck-sur-Mer, april 1963.*

EEN ANDER TOEVAL

Als men de lezers van Alexandre Dumas zou vragen in welk personage zij graag zouden willen reïncarneren, zou D'Artagnan of Edmond Dantès de meeste stemmen krijgen. Niemand zou op het idee komen om Noirtier de Villefort te noemen, een nogal sinistere figuur uit *Le Comte de Monte-Cristo*. Door Dumas beschreven als een lijk met een levendige blik, een man die al voor driekwart in zijn graf ligt, roept die zwaar gehandicapte geen dromen, maar angst op. Machteloze, zwijgende bewaarder van de vreselijkste geheimen, brengt hij zijn leven door, gekluisterd aan een rolstoel, en communiceert alleen maar door met zijn ogen te knipperen: één knipoog betekent ja, twee, nee. In feite is vadertje Noirtier, zoals zijn kleindochter hem liefdevol noemt, het eerste en tot op heden enige *locked-in-syndrom* in de literatuur.

Zodra mijn geest weer bijkwam uit de dikke nevel waarin hij door mijn beroerte gedompeld was, heb ik vaak aan vadertje Noirtier gedacht. Net had ik *De Graaf van Monte-Cristo* gelezen of ik bevond mij midden in het boek in de meest erbarmelijke toestand. Ik las dat boek niet toevallig. Ik was van plan, beeldenbestormer die ik was, om een moderne versie van de roman te schrijven; natuurlijk zou de wraak het hoofdthema blijven, maar de geschiedenis zou zich in onze tijd afspelen en Monte-Cristo zou een vrouw zijn.

Ik heb dus niet de tijd gehad om mij schuldig te maken aan majesteitsschennis. Als straf zou ik liever veranderd zijn in baron Danglars, Frantz d'Epinay, priester Faria, of het beste zou nog zijn geweest mij tienduizend keer te laten overschrijven: men spot niet met meesterwerken. Maar de goden van de literatuur en de neurologie beslisten anders.

Op sommige avonden heb ik het gevoel dat vadertje Noirtier in onze gangen komt patrouilleren, met zijn lange, witte haar en in zijn rolstoel van een eeuw oud, die een druppeltje olie nodig heeft. Om het noodlot af te wenden heb ik nu een grote sage in mijn hoofd waarin de hoofdgetuige eerder een hardloper is dan een lamme. Je weet maar nooit. Misschien lukt het.

DE DROOM

Over het algemeen herinner ik mij mijn dromen niet. Als de dag aanbreekt, raak ik de draad van het scenario kwijt en stompen de beelden onverbiddellijk af. Hoe komt het dan dat die dromen van december met de precisie van een laserstraal in mijn geheugen gegrift zijn? Misschien hoort dat bij een coma. Omdat men niet terugkomt in de werkelijkheid, hebben de dromen niet de tijd om te vervliegen, maar klonteren ze samen en vormen ze een lang schimmenspel dat weer terugkomt als een vervolgverhaal. Vanavond herinner ik mij een bepaalde episode.

In mijn droom vallen er dikke sneeuwvlokken. Op het autokerkhof waar mijn beste vriend en ik overheen lopen, ligt een laag van dertig centimeter dik. Sinds drie dagen proberen Bernard en ik terug te komen naar Frankrijk, dat door een algemene staking lamgelegd is. In een Italiaans wintersportstation waar wij zijn gestrand, had Bernard een boemeltreintje gevonden dat naar Nice ging, maar bij de grens werd onze reis onderbroken door een versperring van stakers en waren wij gedwongen in de sneeuwstorm uit te stappen, in gewone schoenen en kleding voor het tussenseizoen. Het is een lugubere omgeving. Er loopt een viaduct boven het autokerkhof en de auto's leken wel van de snelweg, vijftig meter hoger, afgevallen te zijn. Wij hebben een afspraak met een heel belangrijke Italiaanse zakenman die zijn hoofdkwartier gevestigd heeft in dat kunstwerk, ver verwijderd van indiscrete blikken. We moeten op een gele ijzeren deur kloppen met een bordje LEVENSGEVAAR en schema's om mensen die geëlektrocuteerd waren, te hulp te komen. De deur gaat open. De ingang doet denken aan de voorraden van een kledingfabrikant in Le Sentier (vert.: buurt met veel kledingzaken), jasjes op kledingrekken, stapels broeken, dozen met overhemden tot aan het plafond. Aan zijn haardos herken ik de Cerberus in battledress die ons met een stengun in zijn hand ontvangt. Het is Radovan Karadzic, de Servische leider. 'Mijn vriend heeft ademhalingsproblemen,' zegt Bernard tegen hem. Karadzic geeft op de hoek van de tafel een snee in mijn luchtpijp en daarna lopen wij naar beneden naar het souterrain via een luxueuze glazen trap. De muren, bespannen met rossig gekleurd leer, canapés waar je in wegzakt en gedempt licht doen dat kantoor enigszins op een nachtclub lijken. Bernard praat met de baas, een kloon van Gianni Agnelli, de elegante baas van FIAT, terwijl een gastvrouw met een Libanees accent mij aan een kleine bar zet. Glazen en flessen zijn vervangen door plastic buizen die van het plafond naar beneden vallen als zuurstofmaskers in vliegtuigen in nood. Een barkeeper beduidt mij er een tegen mijn mond te houden. Ik doe wat hij zegt. Een amberkleurige vloeistof met de smaak van gember begint eruit te stromen en ik word bevangen door een gevoel van warmte vanaf het puntje van mijn tenen tot aan mijn haarwortels. Na enige tijd zou ik graag willen ophouden met drinken en even van mijn barkruk willen afkomen. Maar ik blijf maar doordrinken, met grote slokken, en ben niet in staat ook maar iets te doen. Ik kijk radeloos naar de barkeeper om zijn aandacht te trekken. Hij beantwoordt mijn blik met een raadselachtige glimlach. Rondom mij raken gezichten en stemmen verdraaid. Bernard zegt iets tegen mij, maar het geluid dat vertraagd uit zijn mond komt is onbegrijpelijk. In plaats daarvan hoor ik de *Bolero* van Ravel. Men heeft mij zwaar verdoofd.

Een eeuwigheid later zie ik dat men zich voorbereidt op de strijd. De gastvrouw met het Libanese accent neemt mij op haar rug en sjort me de trap op. 'We moeten weg, de politie komt eraan.' Buiten is het donker geworden en het sneeuwt niet meer. Mijn adem wordt afgesneden door een ijzige wind. Bovenop het viaduct staat een schijnwerper die met zijn lichtbundel de afgeschreven karkassen aftast.

'Geef u over! U bent omsingeld!' schreeuwt een stem door een megafoon. Het lukt ons te ontsnappen en voor mij is dat het begin van een lange zwerftocht. In mijn droom zou ik graag vluchten, maar zodra ik er de kans toe krijg, word ik door een onuitsprekelijke verdoving belemmerd om ook maar één stap te zetten. Ik ben in een standbeeld veranderd, een mummie, een stuk glas. Zo al een deur mij scheidt van de vrijheid, heb ik niet de kracht die te openen. Toch is dat niet mijn enige angst. Als gijzelaar van een mysterieuze sekte ben ik bang dat mijn vrienden in dezelfde val lopen. Ik probeer hen op alle mogelijke manieren te waarschuwen, maar mijn droom komt volledig overeen met de werkelijkheid. Ik kan geen woord uitbrengen.

DE VOICE-OVER

Ik heb lieflijker ontwaken gekend. Toen ik op die ochtend, eind januari, weer bijkwam, stond er een man over mij heen gebogen die mijn rechteroog met een draad en een naald dichtnaaide, alsof het om het stoppen van een paar sokken ging. Een onberedeneerde angst bekroop mij. En als de oogarts in zijn enthousiasme nu ook eens mijn linkeroog dichtnaaide, mijn enige band met de buitenwereld, het enige raampje van mijn cel, de patrijspoort van mijn duikerpak? Gelukkig ben ik niet ondergedompeld in duisternis. Zorvuldig heeft hij zijn instrumenten in gewatteerde blikken dozen gerangschikt en op de toon van een procureur die een recidivist een exemplaire straf oplegt, zei hij alleen maar: 'Zes maanden.' Met mijn gezonde oog zond ik steeds maar vragende signalen uit, maar ook al onderzocht de brave man de hele dag de pupillen van anderen, hij kon daarom nog niet blikken lezen. Hij was het prototype van de dokter Ik-heb-ermaling-aan, uit de hoogte, bits, verwaand. Het soort dat zijn patiënten om acht uur ontbiedt, om negen uur aan komt zetten en om vijf over negen weer vertrekt na aan iedere patiënt vijfenveertig seconden van zijn kostbare tijd te hebben gewijd. Uiterlijk leek hij op Max la Menace (vert.: persoon in een tv-serie), een dik rond hoofd op een kort, houterig lichaam. Al weinig spraakzaam met gewone zieken, ontweek hij ronduit mijn soort spoken en had geen speeksel voor ons over voor ook maar een minimum aan uitleg. Ten slotte vernam ik waarom hij mijn oog voor een half jaar had afgesloten: het ooglid speelde niet meer zijn rol van beweegbaar, beschermend zonnescherm, waardoor de kans bestond op een verzwering van het hoornvlies.

In de loop van de weken vroeg ik mijzelf af of het ziekenhuis niet expres zo'n nors persoon gebruikte als katalysator voor het heimelijke wantrouwen dat de medische stand ten slotte bij langdurig zieken opwekt. Hij is in zekere zin het pispaaltje. Als hij weggaat, en dat zit erin, welk ander hol vat zou ik dan kunnen bespotten? Op zijn eeuwige vraag: 'Ziet u dubbel?' zou ik mij dan niet meer kunnen verheugen op het solitaire, onschuldige plezier mijzelf diep van binnen te horen antwoorden: 'Ja, ik zie twee klootzakken in plaats van één.'

Even hard als ademhalen heb ik ontroering, liefde en bewondering nodig. Een brief van een vriend, een schilderij van Balthus op een ansichtkaart, een bladzijde van Saint-Simon, geven zin aan de uren die voorbijglijden. Maar om op mijn qui-vive te blijven en niet weg te zakken in doffe berusting, bewaar ik een dosis woede en afschuw, niet te veel en niet te weinig, zoals de snelkookpan zijn veiligheidsklep heeft om niet te exploderen.

Hé, 'De Snelkookpan', dat zou de titel kunnen zijn voor het toneelstuk dat ik misschien eens over mijn ervaringen zal schrijven. Ik heb er ook over gedacht om het *Het Oog* te noemen en natuurlijk *Het Duikerpak*. Intrige en decor zijn al bekend. De ziekenhuiskamer waar meneer L., een huisvader in de kracht van zijn leven, met een *locked-in-syndrom* leert leven, een gevolg van een zware beroerte. Het stuk gaat over de avonturen van meneer L. in de medische wereld en de ontwikkeling van de betrekkingen die hij onderhoudt met zijn vrouw, kinderen, vrienden, en zijn collega's op het belangrijke reclamebureau, waarvan hij een van de oprichters is. Ambitieus en eerder cynisch, maakt meneer L., die tot die tijd nog nooit ergens in gefaald had, kennis met ellende, ziet hij alle zekerheden om zich heen in elkaar storten, en ontdekt hij dat de mensen die hem na staan onbekenden voor hem zijn. Men zal die langzame verandering van heel dichtbij kunnen volgen dankzij een voice-over die de innerlijke monoloog van meneer L. onder alle omstandigheden weergeeft. Het stuk hoeft alleen nog maar geschreven te worden. De laatste scène heb ik al. Het decor is in halfduister gehuld met uitzondering van een lichtbundel die het bed midden op het toneel beschijnt. Het is nacht en alles slaapt. Plotseling gooit meneer L., bewegingloos sinds het doek opging, de lakens en dekens van zich af, springt uit zijn bed en loopt over het toneel in een onwerkelijk licht. Daarna wordt het donker en hoort men voor het allerlaatst de voice-over, de innerlijke monoloog van meneer L.: 'Verdomme, het was een droom.'

'GELUKS'DAG

Die morgen, als de dag nog nauwelijks is aangebroken, wordt kamer 119 getroffen door een kwaadaardig lot. Sinds een half uur gaat het alarm af van het apparaat dat mijn voeding reguleert. Ik ken niets stommers en wanhopigers dan dat obsederende, gekmakende bliep bliep. Allereerst heeft door het transpireren de pleister over mijn rechterooglid losgelaten en strijken mijn vastgeplakte oogharen pijnlijk over mijn pupil. Ten slotte is, als klap op de vuurpijl, de dop van mijn catheter eraf gesprongen en ben ik drijfnat. Terwijl ik op hulp wacht, neurie ik een oud liedje van Henri Salvador: 'Kom, baby, het is allemaal niet zo erg.' Trouwens, daar is de verpleegster. Automatisch zet zij de televisie aan. Er is reclame. Een Minitel-toestel, model '3617 Milliard', stelt voor om de volgende vraag te beantwoorden: 'Bent u in de wieg gelegd om rijk te worden?'

HET SPOOR VAN DE SLANG

Als iemand mij schertsend vraagt of ik van plan ben een bedevaartsreis naar Lourdes te maken, antwoord ik dat dat al is gebeurd. Het was eind jaren 70. Joséphine en ik hadden een verhouding die gecompliceerd genoeg was om te proberen samen nog een geslaagd reisje te maken, een van die georganiseerde rondreizen die evenveel kiemen van tweedracht bevatten als er minuten in een dag zijn. Om 's ochtends te vertrekken zonder te weten waar je 's avonds slaapt en via welke route je die onbekende bestemming zult bereiken, heb je de keus tussen zeer diplomatiek gedrag of eindeloze ruzies. Joséphine tekende, net als ik, voor de tweede optie, en een week lang werd haar lichtblauwe, oude cabriolet het toneel van een mobiele, permanente huiselijke twist. Vanaf Ax-les-Thermes, waar ik net teruggekomen was van een georganiseerde wandeltocht, een uiterst vreemde dwaling in een bestaan gewijd aan alles behalve sport, tot aan Chambre d'Amour, een klein strand aan de Baskische kust waar de oom van Joséphine een villa bezat, hebben wij een stormachtige, prachtige reis door de Pyreneeën ge-maakt, een spoor achterlatend van 'in-de-eerste plaats-hebik-dat-nooit-gezegd'.

De voornaamste reden van die vreselijke onmin was een dik boek van zo'n bladzijde of zes-, zevenhonderd met een zwartrood omslag met een pakkende titel erop. *La Trace du Serpent* (vert.: het spoor van de slang) ging over het doen en laten van Charles Sobraj, een soort goeroe van de grote weg, die de oosterse reizigers in de buurt van Bombay en Katmandoe betoverde en beroofde. Het verhaal van die slang van Frans-Indiase afkomst was waar gebeurd. Verder weet ik er niets meer van en het is zelfs mogelijk dat mijn samenvatting niet juist is. Maar wat ik mij heel goed herinner is dat Charles Sobraj ook macht over mij kreeg. Na Andorra was ik nog genegen om mijn ogen van mijn boek op te heffen om een landschap te bewonderen, maar aangekomen bij de Pic du Midi weigerde ik beslist om de auto uit te komen voor de wandeling naar het observatorium. Gezegd moet worden dat die dag een dikke, gelige mist om de berg hing, waardoor het zicht beperkt en de excursie minder interessant was. Toch liet Joséphine mij daar in de steek en ging twee uur in de wolken zitten mokken. Was het om mijn betovering te verbreken dat zij er zo op stond naar Lourdes te gaan? Omdat ik nog nooit in dat wereldcentrum der wonderen was geweest, stemde ik er zonder blikken of blozen in toe. In elk geval verwarde ik in mijn door het lezen opgewonden geest Charles Sobraj met Bernadette Soubirous en vermengde het water van de Adour zich met dat van de Ganges.

De volgende dag, na een col van de Tour de France overgereden te zijn, waarvan de afdaling mij, zelfs per auto, afmattend toescheen, reden wij in een verstikkende hitte Lourdes binnen. Joséphine zat aan het stuur en ik zat naast haar. En *La Trace du Serpent* lag volumineus en vervormd op de achterbank. Sinds de ochtend had ik het boek niet aan durven raken, omdat Joséphine besloten had dat mijn passie voor die exotische sage op gebrek aan belangstelling voor haar wees. Het was het hoogseizoen van de bedevaartstochten en de hele stad was vol. Desondanks kamde ik systematisch de hotels uit om alleen maar, afhankelijk van de standing van het etablissement, een afkeurend schouderophalen of 'het-spijt-ons-werkelijk' als antwoord te krijgen. Mijn overhemd plakte aan mijn lijf van het zweet en er dreigde een nieuwe twist uit te breken, toen de portier van een of ander hotel Engeland, Spanje of de Balkan mij meedeelde dat er een afzegging was, op de schoolmeesterachtige toon van een notaris die de erfgenamen op de hoogte stelt van het onverwachte overlijden van een oom in Amerika. Ja, er was een kamer vrij. Ik kon mij nog net inhouden te zeggen 'Dat is een wonder', want ik voelde instinctief aan dat hier met dat soort zaken niet viel te spotten. De lift was enorm, berekend op brancards, en tien minuten later, toen ik een douche nam, realiseerde ik mij dat onze badkamer berekend was op gehandicapten.

Terwijl Joséphine op haar beurt het nodige vuil van zich afwaste, stortte ik mij, slechts gehuld in een handdoek, op de sublieme oase van alle dorstigen: de minibar. Allereerst dronk ik in één teug een halve liter mineraalwater op. O, fles, ik zal altijd je glazen hals op mijn droge lippen voelen. Daarna schonk ik een coupe champagne voor Joséphine en een gin-tonic voor mijzelf in. Na mijn plicht als barkeeper te hebben gedaan, maakte ik een slinkse beweging in de richting van de avonturen van Charles Sobraj, maar in plaats van het verwachte kalmerende effect kwam Joséphine door de champagne weer helemaal op verhaal en kwamen haar toeristische gevoelens weer boven. 'Ik wil de Heilige Maagd zien,' bleef ze maar zeggen, een kruissprong makend zoals de katholieke schrijver François Mauriac op een beroemde foto.

En daar gingen wij dan naar de heilige plaats onder een drukkende, dreigende hemel, langs een ononderbroken stoet rolstoelen, voortgeduwd door dames van de liefdadigheid die duidelijk niet hun eerste verlamde rondreden. 'Als het regent, allemaal de basiliek in!' riep de autoritaire non aan het hoofd van de stoet met schelle stem uit, met haar nonnenkap in de wind en haar rozenkrans in de hand. Tersluiks nam ik de zieken op, die verwrongen handen, die gesloten gezichten, die kleine pakketjes in elkaar gedoken leven. Een van hen kruiste mijn blik en ik glimlachte een beetje tegen hem, maar als antwoord stak hij zijn tong uit en ik voelde dat ik heel stom, alsof ik betrapt was, tot aan mijn oren bloosde. Op roze gympen, in roze jeans en sweatshirt liep Joséphine verrukt door een donkere massa: de Franse priesters die zich nog als priester kleden leken allemaal met elkaar afgesproken te hebben. Ze raakte bijna in extase toen dat koor van soutanes aanhief: 'Wees de Madonna die men geknield aanbidt', het lied dat zij als kind in de kerk zong. Alleen afgaande op de ambiance had een weinig oplettende toeschouwer zich bij de ingang van het Parc des Princes kunnen wanen op een avond van de Europa Cup.

Op het grote plein voor de ingang van de grot slingerde een kilometerlange rij op het obsederende ritme van de

Ave Maria's. Ik had nog nooit zo'n lange rij wachtenden gezien, behalve misschien in Moskou voor het mausoleum van Lenin.

'Kom zeg, ik ga niet zo lang in de rij staan!'

'Jammer,' antwoordde Joséphine, 'dat zou jou als ongelovige goed doen.'

'Helemaal niet, het zou zelfs gevaarlijk zijn. Stel je eens een gezond persoon voor die ineens een visioen krijgt. Een wonder en hij is verlamd.'

Tien hoofden draaiden zich naar mij om, om te zien wie dat soort godslasterlijke praatjes hield. 'Idioot,' zei Joséphine. Een stortregen zorgde voor afleiding. Bij de eerste druppel zag men een hele groep paraplu's spontaan opengaan en zweefde er een geur van warm stof door de atmosfeer.

Wij hebben ons laten meeslepen tot aan de ondergrondse basiliek van Johannes XXIII, die gigantische hangar voor gebeden, waar vanaf zes uur 's ochtends tot middernacht de mis wordt gehouden, waarbij de priesters om de paar diensten afgelost worden. In een gids had ik gelezen dat het betonnen schip, groter dan de Sint Pieter in Rome, verscheidene jumbojets kon herbergen. Ik liep achter Joséphine aan een zijpad in, waar onder een van de talloze luidsprekers die de ceremonie luid galmend weergaven nog vrije plaatsen waren. 'Ere zij God in den hoge... den hoge... den hoge...' Bij verheffing van het geluid nam mijn buurman, een vooruitziende bedevaartganger en duidelijk een geregeld bezoeker, zijn verrekijker uit zijn rugzak om goed in de gaten te houden wat er zich afspeelde. Andere gelovigen hadden provisorische periscopen bij zich zoals men die ziet op de 14de juli bij het langskomen van het défilé. De vader van Joséphine vertelde mij dikwijls hoe hij in het begin de kost verdiend had met het verkopen van dat soort artikelen bij de metro-uitgang. Dat had hem niet verhinderd bekend te worden op de radio. Voortaan gebruikte hij zijn talent als straatventer om koninklijke huwelijken, aardbevingen en voetbalwedstrijden te beschrijven. Buiten was het opgehouden met regenen. De lucht was opgefrist. Joséphine sprak het woord 'shopping' uit. Om dat gebeuren vóór te zijn, had ik de hoofdstraat al gevonden, waar de souvenirwinkeltjes met het meest extravagante aanbod aan religieuze kitsch als in een oosterse soek vlak naast elkaar stonden.

Joséphine hield van verzamelen: oude parfumflesjes, schilderijen met landelijke tafreeltjes met een enkele koe of een kudde erop, borden met nepvoedsel, het menu in de etalages van de restaurants in Tokio, en meer in het algemeen alles wat zij tijdens haar talrijke reizen maar aan kitsch kon vinden. Het was liefde op het eerste gezicht. In de vierde winkel op het linkertrottoir, leek zij in een wirwar van heilige plaatjes, Zwitserse koekoeksklokken en kaasborden op Joséphine te wachten. Het was een schitterende buste van gips met een knipperende stralenkrans zoals de versieringen van kerstbomen.

'Daar is mijn Heilige Maagd!' stond Joséphine te dansen.

'Die krijg je van mij,' zei ik meteen, zonder na te denken over de poot die de koopman mij zou uitdraaien onder het motto dat het een uniek stuk was. 's Avonds vierden wij die aankoop in onze hotelkamer, stoeiend onder het heilige knipperlicht, waarbij zich op het plafond een fantastische schaduw aftekende.

'Zeg, Joséphine, ik geloof dat wij bij terugkomst in Parijs

onze verhouding maar beter kunnen verbreken.'

'Dacht je dat ik dat niet had begrepen!'

'Maar Jo...'

Ze was in slaap gevallen. Zij bezat de gave om, als iets haar niet aanstond, meteen weg te zakken in een beschermende slaap. Vijf minuten of een paar uur nam zij vrij van het leven. Ik keek een ogenblik hoe het stuk muur boven het voeteneinde van het bed in het donker verdween en weer tevoorschijn kwam. Wat voor demon zette mensen ertoe aan om een hele kamer met oranje jute te bespannen?

Omdat Joséphine nog steeds sliep, heb ik mij stilletjes aangekleed om mij over te geven aan een van mijn favoriete bezigheden: nachtelijke omzwervingen. Dat was mijn manier om moeilijkheden te lijf te gaan: doorlopen tot je niet meer kunt. Op de boulevard zaten Hollandse tieners luidruchtig uit grote pullen bier te zuipen. Als regenjas gebruikten ze vuilniszakken waarin ze grote gaten geknipt hadden. Zware hekken belemmerden de toegang tot de grot, maar als je erdoorheen keek, kon je het licht zien van honderden kaarsen die daar stonden uit te branden. Veel later kwam ik weer in de straat met de souvenirwinkeltjes terecht. In de vierde etalage had exact dezelfde Maria al de plaats ingenomen van de onze. Ik ben toen teruggegaan naar het hotel en in de schemering zag ik al van verre het geknipper achter het raam van onze kamer. Ik ben de trap opgelopen, er zorg voor dragend de dromen van de nachtwaker niet te verstoren. *La Trace du Serpent* lag op mijn kussen als een juweel in zijn schrijn. 'Hé,' mompelde ik, 'Charles Sobraj, die was ik helemaal vergeten.'

Ik herkende het handschrift van Joséphine. Een enorme

'J' stond schuin over bladzijde 168 geschreven. Het was het begin van een boodschap die wel twee hoofdstukken van het boek besloeg, waardoor die helemaal onleesbaar werden.

'Ik houd van je, lul. Doe Joséphine geen pijn.'

Gelukkig was ik al verder gekomen.

Toen ik de Heilige Maagd uitdeed, brak de dag aan.

HET GORDIJN

Weggedoken in de rolstoel die hun moeder over de gangen van het ziekenhuis voortduwt, neem ik tersluiks mijn kinderen op. Ik mag dan wel een zombie van een vader zijn geworden, Théophile en Céleste zijn springlevend. Ze zijn bewegelijk en recalcitrant. Ik kan er maar niet genoeg van krijgen om ze te zien lopen, gewoon naast mij te zien lopen, waarbij zij met een zelfverzekerd air het gevoel van onbehagen maskeren door een beetje krom te gaan lopen. Met papieren servetjes veegt Théophile al lopend het kwijl af dat uit mijn gesloten lippen loopt. Het is een heimelijk gebaar, tegelijkertijd teder en angstig alsof hij zich tegenover een dier bevond dat onverwacht kon reageren. Zodra wij langzamer rijden, slaat Céleste haar blote armpjes om mijn hoofd, bedekt mijn gezicht met luidruchtige kussen en herhaalt maar steeds: 'Dat is mijn papa, dat is mijn papa,' als een soort bezwering. Het is vaderdag. Tot aan mijn herseninfarct hadden wij er geen behoefte aan die geforceerde ontmoeting op onze affectieve kalender te noteren, maar kijk eens hoe wij nu die hele symbolische dag samen doorbrengen. Zeker om te getuigen dat een zweem van een vader, een schim, een stukje papa, nog altijd een papa is. Ik word verdeeld tussen de vreugde hen een paar uur lang te zien leven, bewegen, lachen of huilen, en de angst dat het schouwspel van al die ellende, te beginnen met de mijne, niet de ideale afleiding is voor een jongen van tien jaar en zijn zusje van acht, zelfs al hebben wij in de familie het wijze besluit genomen niets te verdoezelen.

Wij installeren ons bij de Beach Club. Zo noem ik een stukje duin dat in de zon en de wind ligt, waar de leiding zo goed is geweest om tafels, stoelen en parasols neer te zetten en zelfs een paar boterbloemen te zaaien die in het zand tussen het onkruid groeien. In dat sas aan het strand tussen het ziekenhuis en het echte leven, kan men dromen dat een goede fee alle rolstoelen in zeilboten zal veranderen. 'Zullen we galgje spelen?' vraagt Théophile, en ik zou hem graag antwoorden dat ik er al genoeg aan had de lamme te spelen, als mijn communicatiemethode het mij niet onmogelijk maakte rake antwoorden te geven. De fijnste pijl raakt afgestompt en mist zijn doel als er een paar minuten nodig zijn om hem zuiver te mikken. Als hij eenmaal aankomt, begrijp je zelf niet goed meer wat er zo leuk leek voordat je hem ijverig, letter voor letter, dicteerde. De regel is dus om ongepaste kwinkslagen te vermijden. Dat ontneemt aan de conversatie zijn levendigheid, de grapjes die men elkaar toegooit zoals men een bal tegen een gevel gooit. Ik reken dat geforceerde gebrek aan humor tot de ongemakken van mijn toestand.

Maar laten we dan maar een spelletje galgje doen, de nationale sport van de zevendeklassers. Ik vind een woord, een ander woord en kom vervolgens op een derde. Maar mijn hoofd is niet bij het spel. Ik word overspoeld door een golf van verdriet. Daar zit Théophile, mijn zoon, heel lief, met zijn gezicht een halve meter van mijn gezicht af, en ik, zijn vader, heb zelfs niet het simpele recht om mijn hand door zijn dikke haardos te halen, even in zijn nek met donshaartjes te knijpen, zijn gladde, warme lichaampje tot stikkens toe te omhelzen. Hoe moet ik het zeggen? Is het monsterlijk, onrechtvaardig, weerzinwekkend of afschuwelijk? Ineens kan ik mij niet meer inhouden. De tranen stromen over mijn wangen en uit mijn keel ontsnapt een schor gerochel dat Théophile doet opspringen. Wees maar niet bang, mannetje, ik houd van je. Nog altijd bezig met zijn galgje maakt hij het spelletje af. Twee letters meer en hij heeft gewonnen en ik verloren. Op een hoek van het schrift tekent hij ten slotte de galg, het koord en de terechtgestelde.

Céleste op haar beurt maakt gekke bokkensprongen op het duin. Ik weet niet of je het als een compensatie moet zien, maar sinds voor mij het knipperen met mijn oog gelijkstaat met gewichtheffen, vind ik haar een echte acrobate. Zij gaat op haar handen tegen de muur staan, op haar hoofd staan, doet de omgekeerde brug en voert met de souplesse van een kat radslag en gevaarlijke sprongen uit. Aan de lange lijst beroepen die zij later van plan is uit te oefenen, heeft zij, na schooljuffrouw, topmodel en bloemiste, zelfs koorddanseres toegevoegd. Nadat zij met haar pirouettes het publiek van de Beach Club voor zich heeft gewonnen, begint onze aankomende show-woman aan een liedjesronde, tot grote wanhoop van Théophile, die het vreselijk vindt om op te vallen. Hij is even gesloten en verlegen als zijn zuster open is. Hij haatte mij dan ook hartgrondig toen ik, op een dag, op zijn school vroeg en ook toestemming kreeg, om zelf de schoolbel te luiden. Niemand kan voorspellen of Théophile gelukkig zal leven; in elk geval zal hij verborgen leven.

Ik vraag mij af hoe Céleste erin is geslaagd een dergelijk liedjesrepertoire uit de jaren zestig samen te stellen. Johnny, Sylvie, Sheila, Clo-Clo, Françoise Hardy, geen ster uit die gouden tijd ontbreekt op het appèl. Behalve de grote tophits die iedereen kent, evergreens, zoals die trein van Richard Antony die in dertig jaar nooit echt is opgehouden met in onze oren te fluiten, zingt Céleste vergeten succesnummers die een spoor van herinneringen nalaten. Sinds de tijd waarin ik onvermoeibaar die 45-toeren plaat van Claude François op de Teppaz, die ik als twaalfjarige bezat, opzette, had ik nooit meer 'Arm, klein rijk meisje' gehoord. Toch, zodra Céleste de eerste maten van dat wijsje begint te neuriën, overigens nogal vals, herinner ik mij onverwacht precies elke noot, elk couplet, elk detail van koor en orkest, tot aan het geluid van de branding toe waarmee het begint. Ik zie weer de hoes voor mijn ogen, de foto van de zanger, zijn gestreepte overhemd met gesloten boord dat mij een onbereikbare droom toescheen, want mijn moeder vond dat ordinair. Ik zie zelfs weer de donderdagmiddag voor me waarop ik die plaat bij een neef van mijn vader kocht, een lieve reus met zijn eeuwige Turkse gitane in zijn mond, met een heel klein winkeltje onder het Gare du Nord. 'Zo alleen op dat strand, arm klein rijk meisje...' De tijd is verstreken en de mensen zijn verdwenen. Mama is als eerste gestorven, daarna heeft Clo-Clo zichzelf geëlektrocuteerd en de lieve neef, met wiens zaken het bergafwaarts ging, is het hoekje omgegaan met achterlating van een ontroostbare horde kinderen en dieren. Mijn kast hangt vol met overhemden met gesloten boord en ik geloof dat het platenwinkeltje is overgenomen door een chocolatier. Daar de trein naar Berck vanaf het Gare du Nord vertrekt, zal ik misschien eens iemand vragen dat na te gaan.

'Bravo, Céleste!' roept Sylvie uit. 'Mam, ik heb er genoeg van,' begint Théophile meteen te sputteren. Het is vijf uur. Het carillon, dat ik gewoonlijk zo graag hoor, klinkt als een doodsklok, nu het het ogenblik van scheiden aankondigt. De wind doet het zand een beetje opwaaien. De zee heeft zich zó ver teruggetrokken, dat de baders alleen nog maar heel kleine stippen aan de horizon zijn. Voordat ze teruggaan, gaan de kinderen nog even uitwaaien op het strand en blijven Sylvie en ik alleen achter, stil, terwijl ze in mijn inerte vingers knijpt. Achter haar zwarte bril waarin een wolkenloze lucht weerspiegelt, huilt zij zachtjes over onze uit elkaar gevallen levens.

Wij zijn terug in mijn kamer voor het laatste afscheid. 'Hoe gaat het, makker?' informeert Théophile. Makkerliefs keel zit dicht, zijn handen zijn verbrand van de zon en zijn stuitje is moes geworden, omdat hij te lang in de rolstoel heeft gezeten, maar hij heeft een fantastische dag gehad. En jullie, jongelui, wat voor herinnering zullen jullie bewaren aan die tochten naar mijn eindeloze eenzaamheid? Ze zijn vertrokken. De auto moet al op weg zijn naar Parijs. Ik bekijk aandachtig een tekening die Céleste voor mij heeft meegebracht en die men meteen heeft opgehangen. Een soort tweekoppige vis met ogen met blauwe wimpers en bontgekleurde schubben. Het gaat echter niet om de details van die tekening, maar om de algemene vorm die op verbluffende wijze het mathematische symbool van de eindeloosheid weergeeft. De zon schijnt uitbundig door het raam. Het is het uur waarop hij pal op het hoofdeinde van mijn bed schijnt. Door de emoties van het vertrek heb ik vergeten hen een teken te geven het gordijn dicht te doen. Er zal heus wel binnen afzienbare tijd een verpleger op komen dagen.

Parijs

Langzaam maar zeker begin ik afstand te nemen. Net zoals de zeeman de kust kleiner ziet worden, voel ik mijn verleden vervagen. Mijn vroegere leven brandt nog in mij, maar wordt steeds meer tot as van de herinnering.

Sinds ik domicilie heb gekozen in mijn duikerpak, heb ik toch in het kader van mijn ziekte twee bliksemreizen naar Parijs gemaakt om de mening te vernemen van de kopstukken in de medische wereld. De eerste keer werd ik bevangen door emoties toen de ambulance per ongeluk langs het ultramoderne gebouw reed waar ik mij vroeger schuldig maakte aan het afkeurenswaardige beroep van hoofdredacteur van een befaamd vrouwenblad. Eerst herkende ik het gebouw ernaast, overblijfsel uit de jaren zestig. Er hing een bord op met de aankondiging dat het afgebroken zou worden. Daarna onze geheel glazen pui, waarin de wolken en de vliegtuigen weerkaatsten. Over het plein liepen een paar van die vertrouwde figuren die men iedere dag, tien jaar lang, tegenkomt zonder te weten hoe ze heten. Ik verdraaide mijn nek om te zien of er, achter de dame met de knot en de potige kerel in zijn grijze werkpak, een bekender gezicht langskwam. Maar het lot besliste anders. Misschien heeft iemand vanuit de kantoren op de vijfde verdieping mijn wagen zien langsrijden? Ik heb een paar tranen gelaten bij de bar-tabac, waar ik 's middags soms at. Ik kan nogal discreet huilen. Men zegt dan dat mijn oog traant.

De tweede keer dat ik naar Parijs ben geweest, vier maanden later, liet het mij bijna onverschillig. Het was juli en het zag er vrolijk uit op straat, maar wat mij betrof was het nog steeds winter. Net een decor uit een film die achter de ramen van de ambulance wordt afgedraaid. In de bioscoop spreekt men dan van projectie op een transparant scherm waarvoor acteurs spelen: de auto van de hoofdrolspeler duikt een weg in die op een muur in de studio voorbijtrekt. De films van Hitchcock hebben veel van hun poëzie te danken aan het gebruik van dat procédé in de tijd dat dat nog niet optimaal was. Ik werd niet warm of koud van mijn tocht door Parijs. Toch klopte alles. Huisvrouwen in hun gebloemde jurken en tieners op rolschaatsen. Het geronk van de bussen. Het gevloek van de koeriers op hun brommers. De Place de l'Opéra als op een schilderij van Duffy. De bomen die de voorgevels aan het oog onttrokken en wat wolkjes aan de blauwe lucht. Er ontbrak niets aan, behalve ik. Ik was ergens anders.

DE PLANT

'Op 8 juni is het een half jaar sinds het begin van mijn nieuwe leven. Jullie brieven stapelen zich in de kast op, er komen steeds meer tekeningen aan de muur te hangen en omdat ik niemand kan antwoorden, kreeg ik het idee om via deze samizdat te vertellen over het verloop van mijn dagen, mijn vorderingen en mijn hoop. Eerst wilde ik geloven dat er niets was gebeurd. In de halfbewuste toestand die volgt op een coma stelde ik mij voor dat ik snel in de Parijse maalstroom zou terugkeren, met alleen maar een paar krukken.'

Dat waren de eerste woorden van de eerste brief uit Berck, die ik aan het eind van het voorjaar besloot naar mijn vrienden en relaties te sturen. Toegestuurd aan zo'n zestig mensen, veroorzaakte deze brief een zekere opschudding en herstelde hij enigszins de valse geruchten die de ronde deden. De stad, dat monster met honderd monden en duizend oren, die niets weet maar alles zegt, had inderdaad besloten mij af te schrijven. In Café Flore, een van die bases van het Parijse snobisme, vanwaar kletspraatjes als postduiven de wereld worden ingestuurd, hadden mensen die mij na staan gehoord hoe onbekende roddelaars met de gulzigheid van gieren die een gazelle met opengereten buik hebben ontdekt, de volgende dialoog hielden. 'Weet je dat B. een plant is geworden?' zei de een. 'Natuurlijk weet ik dat.' 'Een plant, ja, een plant.' Het woord 'plant' moest die profeten wel heerlijk smaken, want het was verscheidene malen, tussen twee happen welsh rarebit door, teruggekomen. Met als ondertoon dat alleen een of andere botterik niet zou weten dat ik voortaan eerder deel uitmaakte van de groentehandel dan van de mensheid. Het was vrede. Brengers van slecht nieuws werden niet gefusilleerd. Om te bewijzen dat mijn intellectuele vermogen superieur was gebleven aan dat van een schorseneer, kon ik alleen maar op mijzelf rekenen.

Zo is een maandelijkse, collectieve correspondentie ontstaan, waardoor ik altijd contact kan houden met de mensen van wie ik houd. De zonde van mijn trots heeft vruchten afgeworpen. Behalve enkele onvermurwbaren die koppig blijven zwijgen, heeft iedereen begrepen dat ik bereikbaar ben in mijn duikerpak, zelfs als het mij soms meesleurt naar de uiterste grenzen van onontdekte gebieden.

Ik krijg prachtige brieven. Volgens een langzamerhand vast ritueel, dat de komst van de post tot een stille, heilige ceremonie maakt, worden ze voor mij geopend, uitgevouwen en onder mijn ogen gehouden. Elke brief lees ik zelf heel nauwkeurig. Sommige zijn best ernstig. Ze hebben het over de zin van het leven, de suprematie van de ziel, het mysterie van elk bestaan. Daarbij doet zich het merkwaardige fenomeen voor dat niets is wat het lijkt; juist degenen met wie ik het minst omging roeren het meest die essentiele vragen aan. Onder hun lichtzinnigheid gingen diepten schuil. Was ik blind en doof, of is het licht van een ramp een absolute noodzaak om een mens in zijn ware gedaante te ontdekken?

Andere brieven praten heel eenvoudig over de voorvalletjes die het verstrijken van de tijd onderstrepen. Rozen, geplukt in de schemering, het voorbijkruipen van een regenachtige zondag, een kind dat huilt voordat het in slaap valt. Die midden uit het leven geplukte stukjes, die vlagen van geluk, ontroeren mij meer dan wat ook. Of het nu drie regels zijn of acht bladzijden, of ze van de oostkust van de Middellandse Zee komen of uit Levallois-Perret, al die brieven bewaar ik als een schat. Op een dag wil ik ze aan elkaar plakken tot een kilometerlang lint dat wappert in de wind zoals een banier, ter ere van de vriendschap.

Dat zal de aasgieren op een afstand houden.

DE WANDELING

Het is bloedheet. Toch wil ik er graag uit. Het is weken, misschien maanden geleden dat ik buiten het ziekenhuisterrein ben geweest om de rituele wandeling over de esplanade langs zee te maken. De laatste keer was het nog winter. IJzige wervelwinden deden wolken zand opwaaien en een zeldzame wandelaar liep, stevig ingepakt, gebogen tegen de wind in. Vandaag heb ik zin Berck op z'n zomers te zien, zijn strand dat ik verlaten heb gekend en dat nu, naar men zegt, stampvol is, en de zorgeloze julimenigte. Om vanuit Sorrel de straat te bereiken moet men drie parkeerplaatsen oversteken die met hun ruwe, slordige bestrating je billen zwaar op de proef stellen. Ik was de stormbaanroute van de wandeling, met riooldeksels, kuilen en op het trottoir geparkeerde auto's vergeten.

Daar is de zee. Parasols, windsurfplanken en een muur van baders completeren de ansichtkaart. Het is een rustige, vriendelijke vakantiezee. Totaal niet te vergelijken met de stalen weerschijn die je vanaf de terrassen van het ziekenhuis ziet. Toch zijn het dezelfde golfdalen, dezelfde deining en dezelfde nevelige horizon.

Wij rijden over de esplanade in een gaan en komen van

ijshoorntjes en roodverbrande dijen. Ik stel mij voor hoe ik een bolletje vanille-ijs van een jonge, door de zon verbrande huid aflik. Niemand let echt op mij. In Berck is een rolstoel net zo gewoon als een Ferrari in Monte-Carlo, en overal komt men arme drommels tegen zoals ik, ontwricht en vaak kwijlend. Die middag word ik vergezeld door Claude en Brice. De een ken ik sinds twee weken, de ander al vijfentwintig jaar, en het is vreemd te horen wat mijn oude makker over mij aan de jonge vrouw, aan wie ik iedere dag een stuk van dit boek dicteer, vertelt. Mijn opvliegende karakter, mijn passie voor boeken, mijn mateloze trek in lekker eten, mijn rode cabriolet, alles komt ter sprake. Het leek wel een verteller die de legendes van een vergane wereld opgraaft. 'Dat is niet het beeld dat ik van je had,' zei Claude. Mijn wereld is van nu af aan verdeeld in hen die mij ervóór hebben gekend en de anderen. Wat voor persoon denken ze dat ik wel ben geweest? In mijn kamer heb ik zelfs geen foto die ik hen kan laten zien.

We stoppen bovenaan een grote trap die naar de strandbar en een nette rij pastelkleurige badhokjes leidt. De trap herinnert mij aan de grote ingang van de metro Porte-d'Auteuil die ik als jongetje nam als ik van het zwembad terugkwam met ogen wazig van het chloor. Molitor is een paar jaar geleden afgebroken. Trappen zijn voor mij nu alleen nog maar blinde stegen.

'Wil je terug?' vraagt Brice. Ik protesteer heftig door fanatiek met mijn hoofd te schudden. Er is geen sprake van omdraaien alvorens het werkelijke doel van die tocht bereikt te hebben. We rijden snel langs een ouderwetse draaimolen met houten paarden, met zijn bel die door

merg en been gaat. Wij komen Fangio tegen, een curiosi-
teit van het ziekenhuis waar hij bekendstaat onder die
bijnaam. Zo stijf als een plank, kan Fangio niet zitten.
Veroordeeld tot rechtop staan of liggen, verplaatst hij zich
op zijn buik op een kar die hij zelf met verrassende
snelheid voortbeweegt. Maar wie is eigenlijk die grote,
sportieve zwarte die de weg voor hem vrijmaakt door met
schelle stem te roepen: 'Kijk uit, daar komt Fangio aan!'?
Ik ken hem niet. Eindelijk bereiken wij de uiterste punt
van onze tocht, helemaal aan het eind van de esplanade.
Als ik die hele weg heb willen afleggen is dat niet om een
nieuw panorama te ontdekken, maar om mij te verlustigen
aan de geuren die uit een eenvoudige keet bij de opgang
van het strand komen. Ik word tegen de wind in neergezet
en ik voel mijn neusgaten trillen van plezier als ik een
ordinaire geur opsnuif, koppig en volkomen onverdraaglijk
voor een gewone sterveling. 'O, mijn hemel,' zegt een stem
achter mij, 'wat een vieze baklucht.'

Ik, voor mij, kan maar niet genoeg krijgen van de lucht
van frieten.

TWINTIG TEGEN ÉÉN

Dat is het. Ik ben weer op de naam van het paard gekomen. Het heette Mithra-Grandchamp.

Vincent rijdt nu waarschijnlijk door Abbeville. Als je per auto uit Parijs komt, is dat het moment waarop de reis lang begint te lijken. Op de verlaten, uiterst snelle snelweg volgt een tweebaansrijksweg met één lange rij auto's en vrachtwagens.

In de tijd waarin dit verhaal zich afspeelt, meer dan tien jaar geleden, hadden Vincent, ik, en een paar anderen het fantastische geluk de teugels vast in handen te hebben van een ochtendblad dat nu niet meer bestaat. De eigenaar, een industrieel die een hartstocht had voor de pers, was zo ongelooflijk stoutmoedig geweest om zijn baby aan de jongste equipe van Parijs toe te vertrouwen, terwijl men reeds het duistere politieke bankcomplot tegen hem aan het smeden was dat eropuit was hem de titel die hij zo'n jaar of vijf, zes eerder had gecreëerd af te nemen. Zonder dat wij het wisten, gooide hij met ons zijn laatste kaarten op tafel en wij legden er voor duizend procent onze hele ziel en zaligheid in.

Vincent passeert nu de splitsingen waar je de richting
Rouen en Le Crotoy links moet laten liggen en de smalle
weg moet nemen die via een reeks dorpjes naar Berck
leidt. Zij die er niet aan gewend zijn, raken door die splitsingen op een dwaalspoor. Maar Vincent laat zich niet van
de wijs brengen, want hij is mij al een paar keer komen
opzoeken. Behalve dat hij richtingsgevoel heeft, is hij
onvoorstelbaar trouw.

Wij waren dus voortdurend op onze werkplek. 's Morgens
vroeg, 's avonds laat, in het weekend, en soms 's nachts,
met ons vijven, vrolijk en onbezorgd, het werk van een dozijn klarend. Vincent had tien grootse ideeën per week:
drie uitmuntend, vijf goed en twee rampzalig. Het was een
beetje mijn rol hem tot keuzes te dwingen, tegen zijn
ongeduldige karakter in, dat graag meteen alles wat hem
door het hoofd schoot gerealiseerd zag.

Ik hoor hem vanhier achter zijn stuur trappelen van
ongeduld en uitvaren tegen de Ponts et Chaussées (vert.:
te vergelijken met Rijkswaterstaat). Over twee jaar zal de
snelweg Berck aandoen, maar voor het ogenblik is het
alleen nog maar een werk in uitvoering, waar men
langzaam langs moet rijden, ingeklemd tussen caravans.

Het kwam erop neer dat wij altijd samen waren. Wij
leefden, aten, dronken, sliepen, beminden, droomden alleen
maar door de krant en voor de krant. Wie kwam op het
idee om die middag naar de paardenrennen te gaan? Het

was een mooie zondag in de winter, een strakblauwe lucht, koud en droog, en er werden paardenraces gehouden in Vincennes. Wij waren geen van allen geregelde bezoekers, maar de vaste verslaggever van de paardenrennen zag ons voor vol genoeg aan om ons in het restaurant van de renbaan te onthalen en ons het toverwoord te verschaffen dat de deur opent tot de mysterieuze wereld van de rennen: een tip. Als je hem zo hoorde, was het een eerste klas tip, hij stak er zijn hand voor in het vuur, en daar Mithra-Grandchamp met een uitbetaling van twintig tegen één vertrok, beloofde dat een mooie opbrengst, heel wat beter dan een belegging in zeer solide fondsen.

Nu komt Vincent bij Berck aan en, zoals iedereen, vraagt hij zich een ogenblik angstig af wat hij er eigenlijk komt doen.

Wij hebben een leuke lunch gehad in de grote eetzaal boven de renbaan. Het is een ontmoetingsplaats voor groepen op hun zondags geklede gangsters, souteneurs, uitgewezenen en andere foute jongens die in de draverswereld verkeren. Voldaan en verzadigd lurkten wij gulzig aan lange sigaren in afwachting van de vierde race, in die warme atmosfeer waarin de strafregisters als orchideeën ontloken.

Aangekomen bij zee slaat Vincent af en rijdt de grote esplanade op, zonder achter de menigte zomergasten het woestijnachtige, ijzige decor te herkennen van het winterse Berck.

In Vincennes hadden we zó goed opgelet, dat de race ten

slotte zonder ons is vertrokken. Het loket van de weddenschappen werd onder onze neus gesloten voordat ik de tijd had om uit mijn zak de stapel biljetten te voorschijn te halen die de redactie mij had toevertrouwd. Ondanks de orders tot discretie had de naam Mithra-Grandchamps de ronde gedaan en van de onbekende outsider hadden de geruchten een legendarisch dier gemaakt waarop iedereen had willen wedden. We konden alleen nog maar naar de race kijken en hopen... Aan het begin van de laatste bocht begon Mithra-Grandchamps de kop te nemen. Aan het eind lag hij vijf lengtes voor en zagen wij hem als in een droom over de eindstreep komen, waarbij hij zijn directe concurrent bijna veertig meter achter zich liet. Wat een snelheid! Bij de krant moesten ze wel voor de televisie zitten juichen.

De auto van Vincent rijdt de parkeerplaats van het ziekenhuis op. De zon schittert aan de hemel. Op dat punt moeten bezoekers lef hebben om met toegeknepen keel de laatste meters af te leggen die mij scheiden van de wereld: de glazen deuren die automatisch opengaan, lift nummer 7 en het vreselijke gangetje naar kamer 119. Achter de deuren op een kier ziet men alleen maar bedlegerigen die door het lot verbannen zijn naar de grensgebieden van het leven. Bij dat schouwspel houden sommigen de adem in. Ze moeten eerst een beetje ronddwalen alvorens met krachtiger stem en minder wazige ogen bij mij te komen. Als ze ten slotte de sprong wagen, lijken ze op duikers die geen adem meer krijgen. Ik ken er zelfs die daar, vóór mijn deur, de kracht niet meer opbrachten en op hun schreden zijn teruggekeerd naar Parijs.

Vincent klopt en komt heel stil binnen. Ik ben zó gewend geraakt aan de blik van anderen dat ik nauwelijks de kleine angstlichtjes in hun ogen opmerk. Of in elk geval ben ik er niet meer zo bang voor. Met mijn verlamde gelaatstrekken probeer ik een welkomstglimlach op mijn gezicht te toveren. Vincent beantwoordt die grimas met een kus op mijn voorhoofd. Hij blijft altijd dezelfde. Met zijn rode haardos, zijn stuurse gezicht, zijn gedrongen figuur, van de ene voet op de andere wippend, ziet hij eruit als een stuntelige vakbondsman uit Wales die een vriend komt opzoeken die het slachtoffer is van een mijngasontploffing. Wat meer op zijn gemak loopt Vincent naar mij toe als een middengewicht bokser. Die dag van Mithra-Grandchamps, na de rampzalige aankomst, had hij alleen maar laten vallen: 'Zakken. We zijn echte zakken. Op de krant zullen ze ons in mootjes hakken.' Dat was zijn favoriete uitdrukking.

Om eerlijk te zijn was ik Mithra-Grandchamps vergeten. De herinnering van die geschiedenis komt net in mijn geheugen terug en laat er een dubbel pijnlijk spoor achter. Heimwee naar een verleden dat voorbij is en vooral een gevoel van spijt over gemiste kansen. Mithra-Grandchamps, dat zijn de vrouwen die men niet heeft weten te beminnen, de kansen die men niet heeft willen grijpen, de ogenblikken van geluk die men heeft laten vervliegen. Nu lijkt het mij dat mijn hele bestaan slechts een aaneenschakeling van dat soort kleine mislukkingen is geweest. Een race waarvan het resultaat bekend is, maar die men toch niet kan winnen. Tussen haakjes, wij hebben ons eruit gered door alle inzetten terug te betalen.

DE JACHT OP DE EEND

Behalve de verschillende ongemakken die inherent zijn aan het *locked-in syndrom*, zijn mijn oren ernstig ontregeld. Aan de rechterkant ben ik helemaal doof en aan de linkerkant vergroot en misvormt de buis van Eustachius de geluiden verder dan tweeënhalve meter. Als er een vliegtuig over het strand vliegt met een spandoek dat reclame maakt voor het regionale pretpark, lijkt het wel of er koffie wordt gemalen boven mijn trommelvlies. Maar dat lawaai is maar tijdelijk. Veel indringender is het permanente lawaai dat uit de gang komt, als, ondanks mijn pogingen om bij iedereen begrip te kweken voor het probleem van mijn oren, men mijn deur niet heeft dichtgedaan. Hakken klikken op het linoleum, karren botsen tegen elkaar, er wordt door elkaar heen gepraat, het personeel roept naar elkaar met stemmen van beursmedewerkers op een paniekdag, radio's worden aangezet zonder dat er iemand naar luistert en om dat allemaal te overstemmen geeft een elektrische boenmachine een voorproefje van het geluid van de hel. Ook zijn er verschrikkelijke patiënten. Ik ken er een wiens enige plezier bestaat uit het steeds maar weer luisteren naar dezelfde cassette.

Ik heb een heel jonge buurjongen gehad die een pluchen eend met een vernuftig detectiesysteem had gekregen. Zodra er iemand de kamer binnenkwam, dat wil zeggen tachtig keer per dag, kwam er een schel, obsederend muziekje uit. Het patiëntje is gelukkig naar huis vertrokken voordat ik mijn moordplan op de eend begon uit te voeren. Toch houd ik het in gedachten. Je weet maar nooit wat voor rampen treurende families nog kunnen veroorzaken. Maar als buur spande een zieke vrouw, wier zinnen op hol waren geslagen ten gevolge van een coma, de kroon. Zij beet de verpleegsters, greep de ziekenverzorgers bij hun mannelijkheid, kon niet naar een glas water vragen zonder moord en brand te schreeuwen. In het begin maakte men zich bij dat valse alarm op voor de strijd, daarna, moegestreden, liet men haar, ongeacht het tijdstip, uitblèren. Door die seances kreeg de neurologische afdeling iets van een opwindend 'koekoeksnest' en toen men onze vriendin ergens anders heen stuurde om haar 'Help, ik word vermoord!' uit te stoten, vond ik dat wel een beetje jammer.

Ver weg van dat lawaai, in de herwonnen stilte, kan ik luisteren naar de vlinders die door mijn hoofd vliegen. Je moet erg oplettend zijn en zelfs heel stil, want zij bewegen bijna onmerkbaar met hun vleugels. Als je iets te luid ademhaalt, hoor je ze al niet meer. Dat is trouwens verwonderlijk. Mijn gehoor verbetert niet en toch hoor ik ze steeds beter. Ik moet wel oor hebben voor vlinders.

ZONDAG

Door het raam heen zie ik de bakstenen voorgevels, beschenen door de eerste zonnestralen. De stenen nemen precies dezelfde roze kleur aan als de Griekse grammatica van meneer Rat, een herinnering aan de vierde klas. Ik was bepaald geen briljante leerling in Grieks, maar ik houd van die warme, diepe kleurschakering, die voor mij weer een studieuze wereld opent waarin men in aanraking komt met de hond van Alcibiades en de helden van Thermopyle. In verfwinkels noemt men dat 'oudroze'. Dat heeft niets te maken met het pleisterroze van de gangen van het ziekenhuis en nog minder met het licht-paars van de plinten en deurlijsten in mijn kamer. Dat lijkt wel op de verpakking van een goedkoop parfum.

Het is zondag. Een afschuwelijke zondag, waarop ongelukkigerwijze niemand op bezoek komt en geen enkele gebeurtenis de trage aaneenschakeling van de uren komt verbreken. Geen fysiotherapeut, geen logopedist, geen psycholoog. Het is als een tocht door de woestijn met als enige oase een kort, nog minder uitgebreid toilet dan gewoonlijk. Door het vertraagde effect van de drank van zaterdagavond, gepaard aan het heimwee naar de picknick met de familie, het kleiduifschieten of garnalenvissen waar zij, omdat zij dienst hebben, van verstoken zijn, vervallen de verzorgingsploegen in een automatische afstomping en lijkt de wasseance meer op een hakbeurt dan op thalasso-therapie. Een drievoudige dosis van de beste eau de toilette is niet voldoende om de realiteit te maskeren: ik stink.

Het is zondag. In geval je de T.V. voor je aan laat zetten, moet je vreselijk goed opletten. Dat vereist een uitgekiende strategie. Het kan wel een uur of drie, vier duren, voordat de goede ziel die kan overschakelen op een ander kanaal, terugkomt, en soms kun je maar beter een interessante uitzending, als die gevolgd wordt door een larmoyant feuilleton, een flauw spel of een schreeuwerige talkshow, overslaan. Het applaus, te pas en te onpas, doet pijn aan mijn oren. Ik heb liever de rust van de documentaires over kunst, geschiedenis of dieren. Die bekijk ik zonder hun commentaar, zoals je naar een houtvuur kijkt.

Het is zondag. De klok slaat nadrukkelijk de uren. Het kalendertje van de *Assistance publique* aan de muur, waar elke dag een blad afgescheurd wordt, geeft al augustus aan. Door welke schijnbare ongerijmdheid rent de tijd die hier stilstaat, elders als een dolle voort? In mijn terugge-trokken wereld duren de uren eindeloos en gaan de maanden als in een flits voorbij. Ik kan mij maar niet voorstellen dat het al augustus is. Vrienden, vrouwen en kinderen zijn op vakantie en hebben zich in alle wind-richtingen verspreid. In gedachten glip ik de bivakken binnen die zij voor de zomer hebben opgeslagen. Niets aan te doen als die tournee mijn hart een beetje breekt. In Bretagne komt een zwerm kinderen van de markt af fietsen. Allemaal lachende gezichten. Sommige van die kinderen hebben al lang de leeftijd van grote zorgen bereikt, maar op die wegen, omzoomd met rododendrons, kan iedereen zijn verloren onschuld weer terugvinden. Die middag gaan ze rond het eiland varen. Het motortje moet tegen de stroom opboksen. Er zal er een op de voorplecht van de boot gaan liggen met gesloten ogen en hij zal zijn arm in het koude water laten meedrijven. In de Midi moet je je opsluiten in de huizen die genadeloos worden beschenen door de zon. Daar schilder je boeken vol met aquarellen. Een katje met een gebroken poot zoekt de schaduw op in een landelijk tuintje en wat verder, in de Camargue, rent een kudde jonge stiertjes langs het moeras, waaruit de geur van de eerste pastis opstijgt. Overal is men hard bezig met de voorbereidingen voor de grote huiselijke ontmoeting, waarvan alle mama's van tevoren al doodmoe worden, maar die voor mij als een fantastische, vergeten rite is: de lunch.

Het is zondag. Ik tuur naar de boeken die opgestapeld op de vensterbank liggen en een tamelijk nutteloos bibliotheekje vormen, daar er vandaag immers niemand zal komen om voor te lezen. Seneca, Zola, Chateaubriand, Valery Larbaud, liggen daar een meter van mij af, wreed onbereikbaar. Een pikzwarte vlieg gaat op mijn neus zitten. Ik draai met mijn nek om hem weg te jagen, maar hij blijft zitten. Het Grieks-Romeins worstelen op de Olympische Spelen was minder wreed. Het is zondag.

De meisjes van Hongkong

Ik was altijd gek op reizen. Gelukkig heb ik door de jaren heen genoeg beelden, geuren, gevoelens opgeslagen om op de dagen waarop hier een loodgrijze hemel mij de hele dag binnenhoudt, te kunnen vertrekken. Het zijn vreemde zwerftochten. De ranzige lucht van een bar in New York. De geur van armoede op de markt in Rangoon. Stukjes wereld. De slapeloze, ijzige nacht in Sint-Petersburg of de oververhitte zon in Furnace Greek in de Nevada-woestijn. Deze week is een beetje bijzonder. Elke ochtend 's morgens vroeg vlieg ik naar Hongkong waar de seminar wordt gehouden van de internationale edities van mijn blad. Ik blijf 'mijn blad' zeggen -- ook al is die formulering niet juist meer – alsof dat bezittelijk voornaamwoord een van die fijne draden is die mij met de bewegende wereld verbindt.

In Hongkong heb ik een beetje moeite de weg te vinden, want in tegenstelling tot vele anderen heb ik die stad nooit bezocht. Bij elke gelegenheid hield een kwaad lot mij van die bestemming weg. Als ik al niet de dag voor het vertrek ziek werd, raakte ik wel mijn paspoort kwijt of werd ik voor de een of andere reportage naar andere contreien geroepen. Kortom, ik kreeg niet de kans er te verblijven. Eén keer heb ik mijn plaats afgestaan aan Jean-Paul K., die toen nog niet een paar jaar in een gevangenis in Beiroet had doorgebracht waar hij, om niet gek te worden, de klassering van Bordeauxwijnen grands crus reciteerde. Zijn ogen lachten achter zijn ronde brilleglazen, toen hij terugkwam met een draadloze telefoon voor mij, in die tijd het allerlaatste snufje. Ik hield van Jean-Paul, maar ik heb de gijzelaar van Hezbollah nooit teruggezien, ongetwijfeld omdat ik mij schaamde in die tijd gekozen te hebben voor bijrollen in een wereld van overdreven opsmuk. Nu ben ik de gevangene en is hij een vrij man. En omdat ik niet alle wijnhuizen van de Médoc ken, moest ik een andere lange opsomming bedenken om de leegste uren te vullen. Ik tel de landen op waar mijn blad wordt uitgegeven. Al achtentwintig gebieden maken deel uit van die Verenigde Naties der verleiding.

A propos, waar zijn jullie, lieve collega's, onvermoeibare ambassadrices van onze *french touch*? De hele dag hebben jullie in de salon van een hotel in het Chinees, Engels, Thaïs, Portugees, Tsjechisch gepraat en geprobeerd een antwoord te vinden op de meest metafysische vraag: wie is de vrouw *Elle*? Ik stel mij jullie nu voor, her en der in Hongkong, in de straten, badend in neonlicht, waar men zakcomputers en kommen noedelsoep verkoopt, achter het eeuwige vlinderdasje van onze algemeen directeur aan, die iedereen opjaagt. Half Spirou, half Bonaparte, stopt hij alleen maar voor de hoogste wolkenkrabbers en bekijkt ze zo grondig dat hij ze wel lijkt te willen verslinden. Waar gaan we naartoe, generaal? Springen we aan boord van een watertaxi naar Macao om een paar dollars te verbranden in de hel of gaan we hogerop naar de Felixbar van hotel Peninsula, die door de Franse designer Philippe S. is ingericht? Een aanval van narcisme doet mij voor het tweede voorstel kiezen. Ik die het verafschuw om gefotografeerd te worden, sta in dat luxueuze café in de wolken afgebeeld op de rug van een stoel tussen tientallen andere Parijse figuren die Philippe S. vereeuwigd heeft. Die operatie heeft natuurlijk een paar weken voordat het lot mij in een vogelverschrikker veranderde, plaatsgevonden. Ik weet niet of mijn stoel meer succes heeft dan de andere, maar vertel de barkeeper vooral de waarheid niet. Die mensen zijn allemaal bijgelovig en niet een van die verrukkelijke Chinese meisjes in minirok zou meer op mij komen zitten.

De boodschap

Dat gedeelte van het ziekenhuis mag dan iets wegheb-
ben van een Engels college, maar de stamgasten van
het cafetaria komen bepaald niet uit de Dead Poets
Society. De meisjes hebben een harde blik, de jongens zijn
getatoeëerd, en soms hebben ze ringen aan hun vingers.
Ze komen bij elkaar in hun rolstoelen om ruzie te maken
en over motoren te praten en steken de ene sigaret na de
andere op. Allen lijken een kruis op hun reeds gebogen
schouders te dragen, een slavenleven te leiden waarin het
verblijf in Berck slechts een gebeurtenis is tussen een jeugd
als een geslagen hond en een toekomst als werkeloze. Als
ik door hun rookhol kom, valt er een doodse stilte, maar
in hun ogen lees ik geen medelijden.

Door het openstaande raam hoort men het bronzen hart
van het ziekenhuis kloppen, de klok die de hemel vier
keer per uur doet trillen. Op een tafel, overvol met lege
bekers, staat een kleine schrijfmachine met een rozege-
kleurd stuk papier er scheef ingedraaid. Voor het moment
blijft de bladzijde leeg, maar ik ben er zeker van dat er op
een dag een boodschap voor mij is. Ik wacht.

IN HET MUSÉE GRÉVIN

Vannacht heb ik in mijn droom het Musée Grévin bezocht. Het was erg veranderd. De entree in belle époque stijl was er nog, evenals de lachspiegels en de wassenbeeldenverzameling, maar de galerijen met bekende personen waren verdwenen. In een eerste zaal herkende ik niet meteen de tentoongestelde beelden. Omdat de costumier hen in stadstenue had gestoken, moest ik ze één voor één bekijken en hen in gedachten een witte jas aantrekken, voordat ik begreep dat die slenteraars in T-shirt, die meisjes in minirok, dat beeld van die huisvrouw met haar boodschappenkarretje, die jongeman met een motorhelm op, in feite de verplegers en ziekenverzorgers van beide seksen waren, die van 's morgens tot 's avonds langs mijn bed trokken. Daar stonden ze allemaal, verstild in was, de vriendelijken, de lomperds, de gevoeligen, de onverschilligen, de actieven, de luiaards, degenen met wie ik contact heb en degenen onder wier handen ik slechts een van de vele patiënten ben.

Voor sommigen was ik in het begin doodsbang. Ik zag in hen slechts de strenge bewakers van mijn gevangenis, de handlangers van een afschuwelijk complot. Daarna kwamen er anderen, die ik haatte toen ze mijn arm verdraaiden terwijl ze mij in de rolstoel zetten, mij vergaten en een hele nacht in een pijnlijke houding voor de televisie lieten zitten, ondanks mijn protesten. Een paar minuten of een paar uur lang kon ik ze wel vermoorden. En daarna, toen door de tijd de ergste woede verdween, zijn het bekenden geworden die zich zo goed en zo kwaad als het gaat van hun delicate taak kwijten: ons kruis verlichten als dat te zwaar op onze schouders drukt.

Ik heb hen bijnamen gegeven die ik alleen ken om hen, als ze mijn kamer binnenkomen, met mijn donderende innerlijke stem aan te roepen: 'Hallo, blauwoog! Dag grote Duduche!' Daar weten ze natuurlijk niets van. Degene die als een rockzanger om mijn bed heen danst om te vragen: 'Hoe gaat het?' is David Bowie. Ik moet lachen om Prof, met zijn kinderhoofd met grijs haar en de ernst waarmee hij altijd dezelfde zin uit: 'Gebeurde er maar wat.' Rambo en Terminator zijn, zoals men wel zal vermoeden, geen toonbeelden van tederheid. Ik heb liever Thermometer, wier toewijding voorbeeldig zou zijn als zij dat ding niet voortdurend onder mijn oksels liet zitten.

De beeldhouwer van Grévin die de beelden in was boetseert, was er ook in geslaagd om de tronies en aardige gezichtjes van die noordelijke types vast te leggen. Al generaties lang leven zij tussen de winden van de Côte d'Opale en de vette grond van Picardië, en zodra zij onder elkaar zijn, spreken zij het Noord-Franse dialect. Sommigen leken nauwelijks. Daarvoor is het talent nodig van die middeleeuwse miniatuurschilders, onder wier penselen de menigten op de weg naar Vlaanderen als bij toverslag tot leven kwamen. Over die gave beschikt onze kunstenaar niet. Toch heeft hij ongekunsteld de jeugdige charme weten te vatten van de leerling-verpleegsters, hun mollige armen van meisjes van buiten en de rode kleur op hun volle wangen. Toen ik de zaal verliet, zei ik bij mijzelf dat ik toch wel van al mijn beulen hield.

In de volgende zaal ontdekte ik verrast mijn kamer van het Zeehospitaal die kennelijk precies zo was weergegeven. Zodra je dichterbij kwam, bleken de foto's, tekeningen en affiches een patchwork te zijn van vage kleuren, een decor, bedoeld om de illusie te geven van een zekere afstand, zoals de details van een impressionistisch schilderij. Er lag niemand op bed, je zag alleen maar een holte in het midden van de gele lakens, een bleek licht als een aureool eromheen. Het kostte mij geen enkele moeite om de personen die aan beide kanten naast dat verlaten bed stonden, te identificeren. Het waren enkele leden van de lijfwacht die de dag na de ramp spontaan ontstaan was.

Op een krukje zat Michel heel nauwgezet in het schrift te schrijven waarin alles wat ik zei door mijn bezoekers werd genoteerd. Anne-Marie was een boeket met veertig rozen aan het schikken. Bernard hield met één hand het *Journal d'un attaché d'ambassade* van Paul Morand open en met zijn andere hand gebaarde hij als een advocaat. Zijn ijzeren brilletje op de punt van zijn neus maakte zijn uiterlijk van professionele volksredenaar compleet. Florence prikte kindertekeningen op een prikbord en glimlachte melancholiek door haar zwarte haar heen en Patrick scheen, geleund tegen een muur, verloren in gedachten. Van dat bijna levende tableau ging een grote genegenheid uit, een gedeelde droefenis en die geconcentreerde warme aandacht die ik elke keer voel als die vrienden mij komen opzoeken.

Ik wilde verder gaan om te zien of het museum nog andere verrassingen voor mij in petto had, maar in een donkere gang scheen een bewaker met zijn lantaarn midden in mijn gezicht. Ik moest met mijn ogen knipperen. Toen ik wakker werd, boog zich een echt verpleegstertje met mollige armen over mij heen met haar zaklamp in de hand: 'Zal ik u uw slaappil nu of over een uur geven?'

DE OPSCHEPPER

Op het lyceum in Parijs, op de banken waarvan ik mijn eerste jeans heb versleten, ging ik met een lange jongen met een knalrood gezicht om. Hij heette Olivier en zijn groeiende zucht tot leugens gaf hem iets innemends. Als hij er was, hoefde je niet naar de bioscoop te gaan. Je zat voortdurend op de beste plaats en de film was van behoorlijk niveau. Op maandag waren we nog maar koud binnen of hij tracteerde ons op verhalen, Duizend-en-Een Nacht waardig. Als hij al niet zijn zondag had doorgebracht met Johnny Hallyday, was hij wel in Londen geweest om de nieuwste James Bond te zien of had men hem de nieuwste Honda geleend. In die tijd maakten de Japanse motoren hun debuut in Frankrijk en waren ze tijdens de pauzes hét gesprek. Van 's ochtends tot 's avonds leidde onze vriend ons om de tuin met leugentjes en snoeverijen. Hij schrok er niet voor terug om steeds maar weer nieuwe verhalen te verzinnen, zelfs als die de voorgaande tegenspraken. Wees om tien uur, enige zoon tijdens de lunch, kon hij 's middags vier zusters bedenken, onder wie een kampioene kunstschaatsen. Zijn vader, in werkelijkheid een keurige ambtenaar, werd, afhankelijk van de dag, uitvinder van de atoombom, impresario van de Beatles of de ondergeschoven zoon van generaal De Gaulle. Omdat Olivier het zelf had opgegeven om zijn leugens te ordenen, maakten wij hem geen verwijt over het gebrek aan samenhang ervan. Als hij met een verzinsel aankwam dat werkelijk te ver ging, stelden wij ons wat terughoudend op, maar hij hield bij hoog en bij laag met zulke verontwaardigde 'Ik zweer 't je's' vol, dat je al snel zwichtte.

Bij de laatste controle is Olivier geen straaljagerpiloot, geen geheim agent, geen raadsman van een emir zoals hij van plan was. Met zijn onuitputtelijk talent als pillenvergulder was hij volledig op zijn plaats als eigenaar van een pub.

Ik heb er nu een beetje spijt van dat ik op Olivier neerkeek, want van nu af aan benijd ik Olivier en zijn kunst om zichzelf voor de gek te houden. Ik ben er niet zeker van daar ooit erg goed in te worden, zelfs al begin ook ik roemrijke lotsbeschikkingen ter vervanging te bedenken. Naar het mij uitkomt, ben ik coureur van Formule 1. U heeft mij vast wel gezien op een of ander circuit in Monza of Silverstone. De mysterieuze witte auto zonder merk of nummer, dat ben ik. Uitgestrekt op mijn bed, ik bedoel in mijn cockpit, rijd ik in volle vaart door de bochten en mijn zware, gehelmde hoofd buigt pijnlijk onder het effect van de zwaartekracht. Ook speel ik soldaatje in een televisieserie over de grote slagen in de geschiedenis. Ik heb gevochten bij Alésia, Poitiers, Marignan, Austerlitz en de Chemin des Dames. Omdat ik gewond ben geraakt bij de invasie in Normandië, weet ik nog niet of ik een sprong zal maken naar Diên Biên Phù.

Tussen de handen van de fysiotherapeut lig ik knock-out na een etappe van de Tour de France. Zij ontspant mijn spieren die overbelast zijn door de inspanning. Bij de Tourmalet ben ik uit het peloton gesprongen. Ik hoor nog altijd het gejuich van de menigte op de weg de berg op, en tijdens de afdaling het fluiten van de lucht door de spaken. Ik lag een kwartier voor op alle cracks van het peloton. 'Ik zweer 't je!'

'A DAY IN THE LIFE'

Het einde van de weg is bijna in zicht en nu rest mij nog die noodlottige vrijdag 8 december voor de geest te halen. Ik wil graag vanaf het begin mijn laatste ogenblikken als Aardbewoner, terwijl ik nog volledig helder ben, vertellen, maar ik heb het zó lang uitgesteld dat ik nu, op het moment dat ik die soepele sprong in mijn verleden maak, duizelig word. Ik weet niet meer wat ik aan moet met die zware, nutteloze uren, ongrijpbaar als het kwik van een gebroken thermometer. Ik voel de woorden wegzakken. Hoe het soepele, warme lichaam van het grote, donkere meisje te beschrijven waar tegenaan je, zonder het te beseffen, bijna vloekend, voor de laatste keer wakker wordt. Alles was grauw, zwaar, berustend: de lucht, de mensen, de stad, doodmoe van een paar dagen staking van het openbaar vervoer. Net zoals miljoenen Parijzenaars begonnen Florence en ik als zombies, met een lege blik en vermoeide trekken, aan deze nieuwe dag in een onontwarbare rotzooi. Automatisch voerde ik al die eenvoudige handelingen uit die mij nu een wonder lijken: scheren, aankleden, een kom chocolademelk drinken. Al weken geleden had ik deze datum vastgelegd om een nieuwe Duitse auto uit te proberen. De importeur stelde mij voor de hele dag een auto met chauffeur ter beschikking. Op het afgesproken uur staat een keurige jongeman, geleund tegen een metallic grijze BMW, bij de ingang van het gebouw op mij te wachten. Door het raam kijk ik naar de grote, massieve, luxueuze auto. Met mijn oude spijkerjack vraag ik mij af wat voor figuur ik zal slaan in dat karos voor het hogere kader. Ik druk mijn voorhoofd tegen de ruit om de kou te voelen. Florence streelt zachtjes mijn nek. We zeggen elkaar vluchtig gedag, onze lippen raken elkaar nauwelijks. Ik storm al de trap af, waarvan de treden naar boenwas ruiken. Dat zal de laatste geur van vroeger zijn.

I read the news today, oh boy...

Tussen twee apocalyptische verkeersbulletins door laat de radio een lied van de Beatles horen, 'A day in the life'. Ik stond op het punt om een 'oud' lied van de Beatles te schrijven, puur pleonasme, daar hun laatste opname uit 1970 dateert. De BMW glijdt als een vliegend tapijt door het Bois de Boulogne, een heerlijke, voluptueuze cocon. Mijn chauffeur is sympathiek. Ik leg hem mijn plannen voor de middag voor: mijn zoon bij zijn moeder afhalen op veertig kilometer vanaf Parijs en hem aan het begin van de avond weer meenemen naar de stad.

He did not notice that the lights had changed...

Sinds ik in de maand juli de gezinswoning heb verlaten, hebben Théophile en ik geen echt tête-à-tête, een gesprek onder mannen, gehad. Ik ben van plan met hem naar het theater te gaan, naar het nieuwe stuk van Arias, en daarna een paar oesters met hem te eten in een brasserie op de Place de Clichy. Wij hebben afgesproken het weekend samen door te brengen. Ik hoop alleen maar dat de staking geen roet in het eten gooit.

I'd like to turn you on...

Ik houd van de bewerking van dat stuk, als het hele orkest aanzwelt tot de laatste toon losbarst. Het lijkt wel een piano die van de zestigste verdieping naar beneden valt. Daar is Levallois. De BMW stopt voor de krant. Ik spreek om 3.00 uur met de chauffeur af.

Op mijn bureau ligt slechts één boodschap, maar wat voor boodschap! Ik moet met spoed Simone V. terugbellen, de vroegere minister van Gezondheid, eens de populairste vrouw van Frankrijk en bewoonster voor het leven van de hoogste trede van het denkbeeldige Panthéon van het blad. Omdat dat soort telefoontjes nooit toeval zijn, informeer ik eerst wat wij wel hebben gezegd of gedaan om een reactie van dat bijna goddelijke personage op te roepen. 'Ik geloof dat zij niet erg blij is met haar foto in het laatste nummer,' zegt mijn assistente eufemistisch. Ik raadpleeg het bewuste nummer en stuit op de gelaakte foto, een montage die ons idool eerder belachelijk maakt dan haar goed doet uitkomen. Dat is een van de mysteries van ons vak. Wekenlang werkt men aan een onderwerp, het gaat herhaaldelijk door de meest deskundige handen, en niemand ziet de blunder die toch de eerste de beste leerling-verslaggever al na twee weken stage kan ontdekken. Ik doorsta een ware telefonische storm. Omdat zij ervan overtuigd is dat het blad al jarenlang een complot tegen haar smeedt, heb ik de grootste moeite haar ervan te overtuigen dat zij juist op handen wordt gedragen. Gewoonlijk moet Anne-Marie, het hoofd van de redactie, dat soort karweitjes opknappen. Zij legt met alle beroemdheden een engelengeduld aan de dag, terwijl ik op diplomatiek gebied dichter bij kapitein Haddock dan bij Henry Kissinger sta. Als wij na drie kwartier ophangen, heb ik het gevoel dat ik platgewalst ben.

Hoewel het bon-ton is om ze 'een beetje vervelend' te vinden, zouden de dames en heren hoofdredacteuren voor niets ter wereld een van de lunches overslaan die Geronimo – ook wel Lodewijk XI genoemd en, door zijn supporters, ayatollah – organiseert om 'de balans op te maken'. Daar, op de bovenste etage, in de grootste eetzaal die gereserveerd is voor de hoogste leiding, verspreidt de grote baas in kleine doses de tekenen waarmee je kunt inschatten hoe populair zijn onderdanen zijn. Tussen het zalvende eerbetoon en het bitse antwoord als de uithaal van een klauw, beschikt hij over een heel repertoire mimieken, grimassen en baardgekrab dat wij in de loop der jaren hebben leren ontcijferen. Ik herinner mij nauwelijks die laatste maaltijd, behalve dat ik als glas galgendrank water heb gedronken. Ik geloof dat er bief op het menu stond. Misschien hebben wij wel de gekke koeienziekte opgelopen, maar daar had men het in die tijd nog niet over. De incubatietijd bedraagt vijftien jaar, dus we hebben nog de tijd. De enige dood waar men het over had, was die van Mitterrand. De geruchten daarover hielden Parijs in hun greep. Zou hij het weekend halen? In feite had hij nog een hele maand te leven. Het enige vervelende is dat die lunches eindeloos lang duren. Als ik mijn chauffeur weer ontmoet, wordt de glazen pui al donker. Om tijd te winnen, ben ik als een dief langs mijn kantoor geslopen zonder iemand gedag te zeggen. Het is al over vieren.

'We zullen in de file terechtkomen.'

'Het spijt me.'

'Het is alleen maar om u...'

Een ogenblik heb ik zin om er de brui aan te geven: het theater te annuleren, het bezoek van Théophile uit te stellen, onder mijn dekbed te kruipen met een pot kwark en een kruiswoordpuzzel. Ik besluit mij te verzetten tegen dat gevoel van verslagenheid dat mij bekruipt.

'Dan moeten we maar de autoroute nemen.'

'Zoals u wilt...'

Hoe krachtig hij ook is, de BMW komt vast te staan in de drukte op de Pont Suresnes. Wij passeren de renbaan van Saint-Cloud en daarna het ziekenhuis Raymond-Poincaré in Garches. Als ik daar langskom, komt er altijd een nogal sinistere herinnering uit mijn jeugd bij mij boven. Toen ik nog een leerling was van het lyceum Condorcet, nam een gymnastiekleraar ons voor de buitenlessen, waar ik een gruwelijke hekel aan had, altijd mee naar het stadion La Marche in Vaucresson. Op een dag raakte de bus die ons vervoerde met volle kracht een man die, zonder op of om te kijken, het ziekenhuis uit kwam rennen. Er klonk een raar geluid, de chauffeur remde zo hard hij kon, maar de man was op slag dood en liet op de ruit van de bus een spoor van bloed na. Het was een wintermiddag zoals vandaag. Voordat alle officiële verklaringen opgesteld waren, was het avond. Een andere chauffeur reed ons naar Parijs terug. Achterin de bus zong men met trillende stem 'Penny Lane'. Nog steeds de Beatles. Welk lied zal Théophile zich herinneren als hij vierenveertig is?

Na anderhalf uur rijden arriveren we bij het huis waar ik tien jaar heb gewoond. De grote tuin waar in gelukkiger tijden zoveel geschreeuwd en geschaterd werd, hult zich in nevel. Théophile zit bij de deur op zijn rugzak op ons te wachten, klaar voor het weekend. Ik zou graag de stem willen horen van Florence, mijn nieuwe vriendin, maar ze is waarschijnlijk naar haar ouders vertrokken voor het vrijdagavondgebed. Na het theater zal ik proberen haar te pakken te krijgen. Eén keer heb ik dat ritueel in een joodse familie meegemaakt. Dat was hier, in Montainville, in het huis van de oude, Tunesische dokter die mijn kinderen ter wereld heeft gebracht. Vanaf dat moment wordt alles onsamenhangend. Ik kan niet goed meer zien en mijn gedachten raken verward. Toch ga ik achter het stuur van de BMW zitten en concentreer mij op de oranje-kleurige dashboardverlichting. Ik rij heel langzaam en in de lichtbundel van de autolampen herken ik nauwelijks de bochten die ik toch duizenden keren heb genomen. Ik voel het zweet over mijn voorhoofd lopen en als wij een auto tegenkomen, zie ik hem dubbel. Bij het eerste kruispunt ga ik aan de kant staan. Wankelend kom ik de BMW uit. Ik kan nauwelijks op mijn benen blijven staan en plof op de achterbank neer. Ik denk nog maar aan één ding: terugkeren naar het dorp waar ook mijn schoonzuster Diane woont, die verpleegster is. Half bewusteloos vraag ik Théophile om haar, zodra wij bij haar aankomen, snel te roepen. Een paar seconden later is Diane er. In minder dan een minuut heeft zij mij onderzocht en spreekt dan haar vonnis uit: 'Zo snel mogelijk naar het ziekenhuis.' Dat is nog vijftien kilometer rijden. Deze keer rijdt de chauffeur er, als een ware coureur, als een speer vandoor. Ik voel mij uiterst vreemd, alsof ik LSD had geslikt, en zeg bij mijzelf dat ik niet meer de leeftijd heb voor dat soort fantasieën.

Het komt geen moment bij mij op dat ik misschien doodga. Op de weg naar Mantes rijdt de BMW zo hard hij kan. Wij banen ons luid toeterend een weg en halen een hele rij auto's in. Ik wil zoiets zeggen als: 'Wacht eens. Het zal wel beter gaan. Niet de moeite waard om een ongeluk te riskeren', maar er komt geen enkel geluid uit mijn mond en mijn hoofd, waar ik geen controle meer over heb, schudt heen en weer. Ik denk weer aan de Beatles met hun lied van die morgen. *And as the news were rather sad, I saw the photograph.* Heel snel zijn wij bij het ziekenhuis. Overal hollende mensen. Met slappe, bungelende armen, word ik in een rolstoel overgeheveld. De portieren van de BMW slaan zachtjes dicht. Iemand vertelde mij eens dat goede auto's aan dat dichtslaan te herkennen zijn. Ik ben verblind door het neonlicht van de gangen. In de lift word ik aangemoedigd door onbekenden en de Beatles beginnen aan de finale van 'A day in the life'. De piano die van de zestigste verdieping afvalt. Voordat hij te pletter valt, heb ik nog tijd voor een laatste gedachte. Het theater moet afgezegd worden. In elk geval zouden wij te laat zijn gekomen. We gaan morgen wel. A propos, waar is Théophile gebleven? En dan raak ik in coma.

Het nieuwe seizoen

Het eind van de zomer is in zicht. De nachten worden frisser en ik word weer onder de dikke blauwe dekens gestopt met 'Hôpitaux de Paris' erop gestempeld. Elke dag zie ik weer een aantal bekende gezichten terug na de onderbreking van de vakantie: de linnenjuffrouw, de tandarts, de brievenbesteller, een verpleegster die grootmoeder is geworden van een kleine Thomas, en de man die in juni zijn vinger had gebroken aan het hek van een bed. Het dagelijks leven herneemt weer zijn loop en die eerste keer dat ik het begin van het nieuwe seizoen in het ziekenhuis meemaak, bevestigt nog eens mijn overtuiging: ik ben wel degelijk begonnen aan een nieuw leven en daar, tussen dat bed, die rolstoel en die gangen, nergens anders, speelt het zich af.

Het lukt mij om dat liedje van de Kangoeroe te grommen, het standaardlied van mijn vooruitgang op het gebied van de logopedie:

'De Kangoeroe is over de muur gesprongen,
De muur van de dierentuin,
Mijn hemel wat was die hoog,

Mijn hemel wat was die mooi.'

Hoe het seizoen van de anderen is begonnen, daarvan bereiken mij slechts vage geruchten. De nieuwste boeken, de eerste schooldagen, het begin van het nieuwe Parijse seizoen. Ik zal er meer van te weten komen als de reizigers weer hun weg naar Berck hebben gevonden, met in hun reistassen een heel assortiment verbazend nieuws. Het schijnt dat Théophile op gympen rondloopt met knipperlichtjes in de hakken. Je kunt hem in het donker volgen. Intussen geniet ik bijna onbezorgd van de laatste week van augustus, want voor het eerst sinds lange tijd heb ik niet meer dat vreselijke gevoel van aftellen dat, vanaf het begin van de vakantie, onvermijdelijk het grootste deel van die tijd verpest.

Met haar ellebogen op het formica roltafeltje dat zij als bureau gebruikt, herleest Claude die teksten die wij sinds twee maanden elke middag geduldig uit het niets tevoorschijn toveren. Het doet mij plezier bepaalde bladzijden weer te horen. Andere vallen ons tegen. Vormt dat alles bij elkaar wel een boek? Terwijl ik naar haar luister, kijk ik naar haar bruine lokken, haar zeer bleke wangen die nauwelijks gekleurd zijn door zon en wind, haar handen met de lange, blauwachtige aderen en de mise-en-scène die het herinneringsbeeld zal worden van een vlijtige zomer. Het grote, blauwe schrift waarvan zij elke bladzijde volschrijft met haar keurige blokschrift, het schooletui vol extra pennen, de stapel papieren servetten, klaar om het ergste kwijl af te vegen, en de rode raffia beurs, waar zij van tijd tot tijd geld uitpakt om een kop koffie te gaan halen. Door de ritssluiting van het gordeltasje heen zie ik de sleutel van een hotelkamer, een metrokaartje en een in vieren gevouwen biljet van honderd francs, als voorwerpen die via een ruimtesonde naar de Aarde zijn gestuurd om de cultuur op het gebied van wonen, transport en handel bij de Aardbewoners te bestuderen. Dat schouwspel laat mij ontredderd en in gepeins achter. Zijn er in die kosmos sleutels om mijn duikerpak te ontgrendelen? Een metrolijn zonder eindpunt? Een munt die hard genoeg is om mijn vrijheid terug te kopen? Ik moet maar eens ergens anders op zoek gaan. Ik ga.

Berck-Plage, juli-augustus 1996

INHOUD